공간 해석의 지혜, 풍수

차례
Contents

슬픈 운명

30여 년 전의 일이다. 누구보다 진지하고 자신의 일에 열정적이었던 젊은 건축가가 한 명 있었다. 이 건축가는 다른 동기생들이 으레 그러하듯 대학을 졸업한 뒤 적당한 규모의 건축설계사무소에 들어가 일을 배웠다. 그리고 얼마의 시간이 흘러 자신의 주도로 건물을 설계하고 만들게 됐을 때, 예사롭지 않은 건물주 한 명을 만난다. 자신이 소유한 건물의 설계변경을 요청한 건물주인데, 까다롭기가 이만저만이 아니었다. 까다롭다기보다 매번 내는 주문이 상식 이하로 비합리적이었던 것이다.

건축가, 풍수를 배우다

건축가가 이렇게 설계할라치면 건물주는 "풍수(風水)적으로 문제가 있으니 다른 방식으로 해달라"고 주문했다. 그건 아닌 것 같아 구조적인 이유를 대면서 최대한 조심스럽게 설명을 해봐도 건물주는 "그건 기(氣)의 흐름상 문제가 있다"며 말을 잘랐다. 서양의 건축설계 이론은 건물주 앞에서 그야말로 천덕꾸러기에 불과했다. 건물주는 서양의 건축기법을 깡그리 무시하면서 사사건건 설계의 방향을 틀기 바빴다. 건물주에게 필요한 건축이론은 풍수뿐이었다.

건축가는 화가 났다. 자존심도 상했다. 그래서 직접 풍수를 배우기로 했다. 풍수 이론을 제대로 배워 그 풍수란 것을 신앙처럼 섬기는 건물주의 코를 납작하게 해주겠다고 마음먹은 것이다. 풍수 이론의 허점을 제대로 파악해 '미신'에 깊이 빠져 있는 건물주를 '구제'해주고 싶다는 생각마저 들었다.

그런데 이런 종류의 갈등·대립 상황은 보통 예상치 못한 반전(反轉)으로 끝나는 경우가 허다하다. 건축가의 경우도 그러했다. 예컨대 분석적인 시각에서 성경의 문제점과 허구성을 파헤치려던 최고의 문헌·해석학자들이 오랫동안 성경에 몰입하고 천착하다 그만, 독실한 크리스천이 되고 말았다는 식의 이야기들이 있지 않은가! 대학에서 배운 서구건축 이론으로 풍수 이론을 박살내보자 다짐했던 젊은 건축가도 그런 운명이었다.

풍수 이론을 무너뜨리기 위해 풍수를 배우던 건축가는 인문과 자연을 넘나드는 풍수의 매력에 흠뻑 빠져들었고, 전국 각지의 풍수 전문가들을 쫓아다니는 지경에 이르렀다. 그리고 아주 나중의 일이지만, 현대건축과 풍수의 관계를 다룬 논문을 써 박사 학위까지 받는다.

명당 실험

'30년 전의 일'은 여기서 끝이 아니다. 건축가의 좌충우돌로 가득 찬, 기묘한 에피소드의 시작은 여기부터다. 한창 풍수 공부에 빠져 있던 건축가는 어느 날 풍수에서 말하는 '명당(明堂)'이 실제 존재하는지 자신이 직접 확인해보기로 결심한다. 그런데 방법이 다소 과격했다. 아니, 건축가의 원래 성향대로 너무나 진실하고 직설적인 방법이었다.

건축가는 스승으로 모시던 노(老) 풍수사(風水師)가 오래 전부터 명당이라고 일러준 수도권 인근의 임야를 왕창 사들인다. 그리고 풍수의 맥락에서 땅의 좋은 기운이 집중된다는 이른바 '혈처(穴處)'를 한 곳 찍어 그곳에 움막을 짓는다. 명당에서 생활하면서 그곳의 기를 몸으로 빨아들일 때 자신의

5

삶에 어떤 변화가 오는지(정말로 큰 복이 찾아오는지) 직접 체험해보고자 한 것이다.

누가 출세라도 하면 그의 아버지 또는 할아버지를 포함한 조상의 묘가 명당에 자리 잡았기 때문이라고 떠들어대는 게 바로 풍수 아니던가! 대통령 선거 때만 되면 여전히 일부 황색 저널(yellow journalism)들이 대선 후보들의 선산과 조상 묏자리를 찾아내 풍수사 또는 명리 연구가들에게 명당 여부를 묻지 않던가! 꼭 무덤이 아니라도 큰 인물이 나고 안 나는 것은 땅의 기운에 의해 결정된다는 인걸지령(人傑地靈)의 신화가 굳건하지 않은가!

건축가는 그 모든 것을 직접 확인해보고 싶었다. 땅을 통해 흐르던 좋은 기운이 선조의 유골에 흘러들기만 해도 후손들에게 복이 다발(多發)로 생겨난다는데, 그 좋은 기운을 자신이 직접 받는다면……. 건축가는 선조의 유골 대신 자신의 몸을 직접 명당의 좋은 기운에 노출시켜 정말로 복이 찾아오는지 체험으로 알고 싶었던 것이다.

당시 30대 중반이었던 이 열정적 건축가는 직장일이 파하기 무섭게 자신만의 명당으로 달려가 조그마한 움막에서 밤을 지냈다. 좁은 움막에서 오죽 불편했겠는가? 그러나 그는 땅을 통해 자신에게 전달될 강력한 기운과 전통 풍수의 진리를 믿었기에 그 정도의 불편은 어렵지 않게 참아냈다. 이따

금씩 만나게 되는 마을 사람들의 의심 어린 눈총도 개의치 않았다. 심지어 움막에 둔 라디오가 도난당하는 일까지 벌어졌지만, 그는 이 역시 개의치 않았다.

간첩으로 오인 받다

그러나 열정과 성실, 정직이 항상 좋은 결과만 가져오는 것은 아니다. 궁극적으로는 보답을 받게 마련이지만, 한 인간의 순수한 열정이 배신당하는 경우를 우리는 어렵지 않게 접하곤 한다. 젊은 건축가의 열정도 그렇게 보기 좋게 배신당하고 말았다.

여느 날처럼 건축가가 자신만의 명당, 그 초라한 움막에서 밤을 지내고 설계사무소로 출근할 준비를 하고 있는데 바깥에서 심상치 않은 소리가 들려왔다. 싸구려 메가폰을 통해 쏟아지는 음성은 탁하고 긴장돼 있었다.

"당신은 완전히 포위됐다. 손을 들고 조용히 나오라!"

건축가는 한편으론 어이가 없었지만, 그보다는 두렵다는 생각이 컸다. 그래서 조용히 손을 들고 나가 경찰들에게 연행됐다. 경찰이 아니었을지도 모른다. 때가 때이니만큼 말로만 듣던 대공수사본부에서 나온 것일 수도 있었다. 하여간 풍수의 효험을 증명하려던 우리의 젊은 건축가는 그렇게 하룻밤 사이에 간첩이 되고 말았다.

어둑한 밤이면 약간의 장비를 갖추고 인적 드문 움막으로 기어들어갔고, 그곳에서 주파수가 잘 잡히지도 않는 라디오를 듣기도 했으니(그 라디오가 문제였을까?) 그가 간첩으로 몰린 건 어쩌면 당연한 일인지도 모른다. 때는 아직 1970년대 말, 경기도 인근 한적한 곳에는 "홀로 가는 저 나그네, 간첩인가 다시 보자"라는 서정적 표어가 나붙기도 했다. 그런 시절이었다.

물론 건축가는 대한민국의 선량하고 성실한 건축가일 뿐 간첩은 아니었다. 오해를 풀고 바로 풀려나왔지만 큰마음 먹고 시작했던 '명당 실험'이 미완으로 끝나고 만 것이다. 게다가 간첩으로 몰려 호된 꾸지람까지 들었으니 미완이 아니라 명당의 쓸모없음을 증명했다고 봐야 하는 것인지도 모른다.

그러나 나중 얘기를 들으면 꼭 그런 것만도 아니다. 그의 희한한 '명당 실험'은 입소문을 타고 여기저기로 퍼지다 어느 유력 정치인의 귀에까지 들어갔다 한다. 정치인은 그 명당 터를 사들여 선조의 묘지를 조성했는데, 그 후 오랫동안 계속된 정국(政局)의 요동에도 불구하고 그 정치인은 무탈하게 정치 인생을 마감했다 한다. 어쩌면 건축가의 명당은 진짜 명당이었는지도 모를 일이다.

풍수의 슬픈 운명

진지하기 그지없는 학구열이 간첩행위로 몰리고 마는, 확고한 신념이 그 강도에 비례해 시대착오적인 것으로 읽히고 마는 그런 상황이 있다. 물론 그 진지한 행동과 확고한 신념은 애당초 잘못된 것일 수 있다. 시대착오적인 것이 아니라 시대와 관계없이 착오의 혐의를 받아 마땅한 미신이요, 구습일 수도 있다는 얘기다.

그러나 이제 막 이야기를 시작하는 마당에 벌써부터 건축가가 진지하게 규명하고자 했던 풍수의 진위(眞僞)를 논하려는 것은 아니다. 다만 우리가 뭉뚱그려 '풍수'라 칭하는 이론과 관습, 행위들이 자칫 이상한 광신(狂信)의 체계, 혹은 때에 따라 간첩의 이적 행위로까지 간주될 수 있을 만큼 슬픈 운명에 처해 있다는 것 정도는 확인할 수 있겠다.

물론 그런 슬픈 운명이 풍수만의 것은 아니다. 급속한 근대화에 치인 모든 동양적인 것들의 운명 또한 그럴 것이다. 음양(陰陽)이니 오행(五行)이니 하는 동양사상의 기본원리, 나아가 음양오행에 기초한 주역·사주 체계가 죄다 미신 혹은 잡설 취급을 받아오지 않았는가?

그나마 비서구적인 것에서도 의미를 찾으려는 젊은 연구자들의 노력으로 풍수 분야에도 새로운 바람이 불고 있으니

다행이다. 건축 분야에서, 환경 분야에서 또 지리 분야에서 풍수를 활용하고 재해석하려는 시도들이 우후죽순이다. 어쩌면 돈키호테 같았던 30년 전 한 젊은 건축가의 '명당 실험'이 후대에 빛을 발하는 것인지도 모른다.

그리고 만에 하나, 젊은 건축가가 기거했던 명당을 뒤늦게 폐차는 바람에 무탈하게 지낼 수 있었다는 정치인의 삶이 전통 풍수·명당 이론의 유효성을 실제로 증명하는 것이라면 어떻게 하겠는가? 풍수라는 것을 철 지난 천덕꾸러기로만 취급하는 대신, 많은 이들에게 유용한 발복(發福)의 이론으로 대접할 구석도 있지 않느냐는 얘기다. 일단 모든 가능성을 열어놓자. 그리고 말 많고 탈 많은, 그 풍수라는 것에 대해 알아보자.

풍수 또는 장풍득수

정의의 어려움

풍수란 정말 무얼까? 좋은 집터를 잡으면 그 집안에 좋은 일이 생긴다는 논리일까? 부모님의 무덤 자리가 좋으면 나에게 복이 찾아온다는 주장? 걸출한 인물을 배출하는 지역이나 지형은 따로 있다는 관념? 넓게 보아 인간사의 길흉(吉凶)은 인간의 노력이 아니라 그가 사는 땅의 기운(氣運)에 따라 결정된다는 이론으로 봐주면 될까?

'풍수'라는 용어만으로 구체적인 무엇인가를 지칭할 수 없음은 확실한 것 같다. 풍수를 학문 체계로 보든, 테크닉으로 보든 마찬가지다. 요즘이야 신문이나 TV에서도 풍수라는 용어를 만나는 게 드문 일은 아니지만, 그 의미가 명확하지는 않다. 상황에 따라 이렇게도 저렇게도 쓰이는 게 풍수라는 용어다.

그도 그럴 것이 풍수의 의미는 그 시작부터 시대에 따라 큰 폭으로 변해왔다. 다른 모든 학문·기술과 마찬가지로 풍수 또한 인간의 생존을 위한 기술로 출발했음이 확실하다. 그러다 얼마 안 있어 권력의 정점에서 국운(國運)을 논하더니, 언젠가는 묏자리 그러니까 좋은 무덤 위치를 고르는 술수(術數)로 변신했다. 게다가 요즘은 '생활풍수' '풍수 인테리어'라는 절묘하고도 희한한 이름으로 부동산 업계 또는 가정 주부들과 보조를 맞추기도 한다.

이러한 변신의 역사 탓인지 "풍수는 ○○다"라고 규정하는 순간, 풍수는 즉각 다른 모습을 내보이고 만다. 풍수의 역사는 차라리 어떤 시대, 어느 상황에서든 살아남고야마는 풍수의 적응력과 생존의 기술만을 보여준다고까지 말할 수 있을 정도다. 그러한 변신은 이데올로기(ideology)와 잡술(雜術) 사이를 쉴 새 없이 오가는 풍수 특유의 운명, 그 이면이기도 하다.

그럼 풍수를 어떻게 규정하면 좋을까? 번잡한 이론은 가리키려던 대상을 빗나가기 마련이다. 더욱이 그 대상이 풍수처럼 미신인지 학문인지, 아니면 생활지침으로서 일종의 가이드인지 구분하기 어려워진 경우라면 더욱 그렇다. 오랜 전통을 자랑하는 이론들 특유의 고답적이고 중후장대(重厚長大)한 논의는 잠시 뒤로 미루고, 일단 상식 수준에서 시작하자. 일상에 단단히 묶이지 않으면 미궁 속을 헤매는 수가 있으니……

바람과 물

풍수(風水)는 '바람과 물'이다. 척박한 자연환경에서 살아야 했던 옛사람들에게 바람과 물은 어떤 존재였을까? 문명이 발달하지 못했던 시기에 바람과 물은 사람들에게 어떤 역할을 했고 어떤 의미였을까?

풍수가 시작된 곳이고, 지금도 그 위에서 풍수의 명맥이 이어지고 있는 지구 북반구의 동아시아 사람들에게 바람과 물은 그저 극복해야 할 자연환경이었을 것이다. 바람과 물은 생존을 위협하거나 생존을 가능하게 하는 자연의 요소, 그뿐이었다.

먼저 바람 얘기부터 해보자. 풍수가 탄생한 동아시아의 지리적 위치를 고려할 때, 일상을 통해 사람들에게 가장 강하게 각인된 바람은 삭풍(朔風)이었을 것이다. 살을 에는 듯 매섭게 불어오는 바람, 겨울만 되면 북쪽에서 들이쳐 오는 한풍(寒風), 바로 삭풍이다. 한시(漢詩)에도 수시로 등장하는 이 삭풍은 요즘의 지리적 지식으로 건조하게 번안하자면 북서계절풍에 해당한다.

한반도를 포함한 동아시아 지역 사람들에게 북서계절풍은 어떤 바람이었을까? 북서계절풍은 늦은 가을부터 이른 봄에 걸쳐 오랫동안 사람들을 괴롭히던 바람이다. 사람들은 북서계절풍의 위력 앞에서 생존의 위협마저 느껴야 했다. 그 바람은 말 그대로 칼바람이었다.

북서계절풍의 근원을 거슬러 올라가면 저 멀리 시베리아가 등장한다. 겨울이면 시베리아 대륙을 뒤덮은 공기가 차갑게 얼어붙었다. 그 위에 만들어진 한랭하고 건조한 고기압은 봄이 올 때까지 참으로 오랫동안 동아시아 전역을 벌벌 떨게 했다. 난방이 불가능한 허름한 가옥에 살며 헤진 옷을 입은 사람들에게 냉기를 잔뜩 머금고 있는 삭풍은 공포의 대상이었다.

대륙을 강타하는 한겨울, 이 거대한 세력의 바람을 어떻게 해야 할까? 살기 위해서는 어떻게든 그 바람을 막아야 했다. 인간의 능력으로 막을 수 없다면 자연이 제공한 장소를 찾아 그 안에 숨기라도 해야 했다.

물의 부재, 그 공포

그렇다면 옛날 동아시아 주민들에게 물은 어떤 존재였을까? 물은 바람보다 훨씬 복잡한 속성을 지니고 있다. 바람이 단순히 그 온도와 강도로 생존을 위협했다면, 물은 생명을 유지하기 위한 기본요소로서 기능했다. 물이 없으면 농사를 지을 수 없고, 그 이전에 단 며칠의 생존도 불가능했다. 가뭄은 옛날 사람들의 최대 난제였다. 농사짓는 데 필요한 만큼의 물이 확보되지 않으면 의식주 가운데 식(食)의 문제를 해결할 수 없었다. 바람이 그 존재로 사람을 위협했다면, 물은 비(非)존재로 사람들을 위협했다.

물이 없을 때의 공포가 얼마나 대단했는지는 동아시아권 고대인들의 정신세계를 점령하며 강력한 세계관으로 자리 잡은 주역(周易)을 들여다보면 단박에 알 수 있다. 주역 64괘는 삶의 여러 상황을 64개의 상징으로 정리해주고 있는데, 당연한 얘기지만 그 상황 중에는 고난의 상황도 여럿 포함되어 있다. 그리고 그중 가장 어려운 상황을 상징하는 괘, 다시 말해 최고의 난괘 중 하나가 바로 64괘 중 47번째 괘인 택수(澤水) 곤(困)의 괘다. '고생스럽고 괴롭다'는 의미의 바로 그 '곤'이다.

그런데 이때 곤괘의 택-수(위에 '연못'을 뜻하는 택, 아래에 '물'

을 뜻하는 수를 배치)가 형상화하고 있는 게 바로 심각한 가뭄의 상황이다. 택(澤)은 연못이고, 수(水)는 물이다. 그런데 정상적인 상황이라면 연못 위로 차올라 있어야 할 물(수-택)이 연못 바닥에 깔려 위로 택, 아래로 수가 된 것이다. 다시 말해, 곤의 괘는 가뭄으로 인해 바닥을 드러낸 저수지의 상태를 형상화하고 있는 것이다.

농경이 거의 유일한 삶의 방책이던 시절, 저수 시설만큼 중요한 것은 없었다. 못은 자연적으로 형성된 저수 시설이고, 그래서 고대인들에게 생명과도 같은 곳이었다. 그런데 가뭄이 들었다. 물이 말라 바닥을 드러낸 것이다. 그야말로 죽을 지경이다. 물의 부재, 그것은 동아시아 사람들에게 크나큰 재앙이었다. 살기 위해 사람들은 어떻게든 물을 끌어와야 했다.

장풍과 득수

군이 신화적이고 형이상학적인 설명을 끌어들이지 않아도 풍수, 즉 바람과 물이 뜻하는 바는 명확하다. 자연환경에 대한 방어력을 제대로 갖추지 않은 사람들에게 매서운 바람은 막거나 가두어 놓아야 할 무엇이었고, 생명의 원천인 물은 어떻게든 획득해야 할 무엇이었다. 바람은 가두고, 물은 얻어야 한다. 필사의 심정으로 바람은 가두고, 물은 얻어야만 한다!

"바람은 가두고 물은 얻는다"는 이 문장을 강조하는 데는 이유가 있다. 이 짧은 대구(對句)의 문장에 1,000년 혹은 2,000년의 풍수 역사가 모조리 집약되어 있기 때문이다. 이 짧은 문장이 사실 풍수의 모든 내용, 풍수의 모든 역사를 담고 있다고 봐도 무방하다. 바람과 물에 대한 이 간략하기 그지없는 입장 표명, 그 자체가 풍수의 모든 것이란 얘기다.

이 문장을 한자로 옮기면 '장풍득수(藏風得水)'가 된다. 여기서 '藏'이라는 한자 정도만 약간 생소할 뿐, 風·得·水 등은 새기는 데 별 어려움이 없는 한자들이다. '藏'은 막고 감추고 품고 저장하고 가둔다는 의미다. 동어반복인 셈이지만 '장풍득수'야말로 풍수의 모든 역사와 모든 개념들을 품으면서 일이관지(一以貫之)하는 키워드다. 풍수의 알파요, 오메가란 얘기다. 장풍득수를 잊는 순간, 풍수에 대한 모든 탐구는 길을 잃고 만다.

『금낭경』과 『청오경』

'장풍득수'라는 말이 처음 등장하는 곳은 『금낭경(金囊經)』이라 불리는 풍수의 고전이다. 『금낭경』의 '장풍득수론'을 소개하기 전에 이 책이 도대체 어떤 책인지 간략하게 설명하고 넘어가는 것이 좋겠다.

『금낭경』은 그 내용상 풍수의 발원(發源) 자격을 주어도 무방한 고전 중의 고전이다. 동진(東晉)의 곽박(郭璞, 276~324)이란 이가 쓴 것으로 알려져 있는데, 이 책의 원래 이름은 『장서(葬書)』다. '장(葬)'은 장사 지내고 매장한다는 뜻이니 묏자리와 관계가 있는 책으로 짐작할 수 있다.

그런데 왜 『금낭경』일까? '금낭'은 비단주머니를 뜻하는데, 당나라 황제 현종(玄宗)이 이 책을 비단주머니에 넣어 애지중지했다는 것이다. 그래서 『금낭경』인데 가끔씩은 경전 대우도 받아서 아예 '장경(葬經)'이라 불리기도 하는 문제의 책이다. 그런데 이 책이 '문제의 책'인 것은 풍수의 기원으로 통하는 고전임에도 불구하고 정말 4세기에 만들어진 것인지, 곽박에 의해 쓰인 것인지 불분명하기 때문이다. 문헌학적으로 당나라 이후에 만들어진 책이란 설이 유력하다.

『금낭경』과 함께 빈번하게 언급될 테니 또 다른 풍수 고전인 『청오경(靑烏經)』에 대해서도 잠깐 설명하고 넘어가는 편이 좋을 듯하다. 『청오경』은 곽박의 『금낭경』에서 자주 인용되기도 하고, 이 책을 만들었다는 '청오자(靑烏子)'라는 노인이 한나라 때 사람이라고도 하니, 그 말을 믿는다면 『금낭경』보다 최소 100~200년 앞선 최고(最古)의 고전이 된다. 청오자는 100살 넘게 살다가 신선이 됐다는 노인이다. 그러나 『금낭경』과 마찬가지로 제작 연대에 신빙성이 없다는 해석이 다수다. 아무래도 원·명대에 만들어졌을 가능성이 크다.

어쨌거나 현실의 영향력 측면에서 두 책은 모름지기 풍수의 양대 고전이다. 풍수지리는 조선의 과거 제도에서 잡과인 음양과에 속했는데, 두 책 모두 배강(背講) 과목이었다. 책 전체를 암기한 뒤, 책을 보지 않고 시험 보는 방식이 배강이다. 수많은 풍수 지망생들이 밤낮으로 끼고 다니면서 외우던 책들이란 얘기다.

『금낭경』의 풍수

책 이야기가 길어졌다. 풍수의 고전 『금낭경』이 장풍득수를 어떻게 언급하고 있는지 살펴보자.

그 정기는 바람을 타면 흩어지고, 물에 닿으면 머문다. 바람과 물을 이용해 정기를 모으는 술법을 '풍수'라 이른다. 이를 위해서는 물을 얻는 것(得水)이 으뜸이고, 바람을 가두는 것(藏風)이 그 다음이다.

후대의 풍수 전문가들이 아무리 날고뛴다 한들 누구도 이 책의 풍수 정의를 벗어나지 못한다. 한마디로 잘라 말하면, 풍수는 바람과 물을 이용해 정기(精氣)를 모으는 것이고, '장풍득수'는 그 방법이다.

그런데 풍수의 고전이 이야기하는 '장풍득수'의 풍수, 즉 바람과 물은 앞서 얘기한 매서운 바람, 생명의 물과는 사뭇 다름을 알 수 있다. 짧은 인용으로 『금낭경』이 이야기하고 있는 바람과 물의 전모를 다 알 수는 없지만, 적어도 기(氣)라는 것을 흩뜨리거나(바람) 머물게 하는(물) 그 무엇이라는 것 정도는 짐작할 수 있다.

자, 이쯤해서 다시 옛사람들의 머릿속으로 들어가 풍수에 대한 관념을 업그레이드 해보자. 사실 업그레이드인 동시에 신화화(神話化)이기도 하지만, 기를 필수요소로 품고 있는 풍수의 본질로 다가가기 위해서는 불가피한 과정이다. 그러나 앞서 강조했듯, 바람과 물에 대한 일상의 기억을 잊으면 미궁에 빠진다는 점을 기억해야 한다.

곤륜산

어릴 때 무협지를 들춰본 일이 있는 분들은 곤륜산(崑崙山)이란 이름이 귀에 설지 않을 것이다. 무당산, 아미산과 더불어 명문 정파의 본거지 중 하나로 꼽히는 곤륜산이다. 중국의 서쪽, 황하(黃河)의 발원이라 여겨지는 산으로 낙원의 상징이기도 하다.

그런데 풍수의 본질에 다가가기 위해서는 이 곤륜산을 한 번쯤은 올라야 한다. 물론 상상 속에서다. 실재하는 산이 아니니……. 곤륜산은 그리스의 신들이 모여 살았다는 저 멀리 지중해 부근, 올림푸스 산의 동양 버전이라 볼 수 있다. 참고로, 곤륜산은 타클라마칸(Takla Makan) 사막과 티베트 고원 사이에 있는 쿤룬산맥(崑崙山脈)과는 다르다.

그런데 여기서 곤륜산이 중요한 것은, 이 산이 우리나라를 포함한 동아시아에서 모든 기의 물리적 원천으로 지목되기 때문이다. 동아시아 사람들은 곤륜산에서 분출된 기가 산맥과 지맥을 따라 사방으로 꿈틀거리며 퍼졌다고 믿고 있다. 그러니까 하늘을 채운 오행의 기운이 아닌, 땅을 헤집고 다니는 이 세상의 모든 기는 곤륜산에서 왔다고 보면 된다.

우리나라의 지리를 그 맥락으로 끌어들일 경우, 상황은 이렇게 된다. 곤륜산에서 분출되어 사방으로 퍼지던 기의 흐름 중 중요한 한 가닥이 백두산까지 전해졌고, 백두산에서 일단 한숨을 돌린 기는 남쪽으로 내려가면서 한반도 전체를 영향권 안에 두게 되었다는 것이다.

『택리지』가 보는 한반도

조선시대 인문지리의 고전인 『택리지(擇里志)』에 이중환(李

重煥)은 이렇게 썼다. '팔도총론(八道總論)' 도입부에 나오는 말이다.

　　곤륜산의 한 가지가 사막 남쪽으로 뻗어 동쪽에 이르
　　자 의무려산(중국의 산 이름)이 되고, 여기서 맥이 끊어져
　　요동평야가 됐다. 이 평야를 지나면서 다시 솟아 백두산이
　　됐으니……

또 '복거총론(卜居總論)'에서는 이렇게 얘기한다.

　　(백두)대간은 끊어지지 않고 옆으로 뻗었는데, 남쪽으로
　　수천 리를 내려가면서 경상도 태백산까지 한 줄기 영(嶺)으
　　로 통한다. 함경도와 강원도의 경계에서는 철령(鐵嶺)이 됐
　　는데, 이 고개가 북도로 통하는 큰길이다. 그 아래쪽으로
　　는……

그 아래쪽으로도 한반도의 산세가 계속 이어진다. 바다가
막아선다고 끝나는 것은 아니어서 그 산세는 제주도 한라산
까지 이어진다. 이렇게 전설상의 중국 산 곤륜산과 곤륜산으
로부터 퍼진 기를 논의 속으로 끌어들일 때, 풍수의 어원인
장풍득수는 새롭고도 장대한 의미를 획득하게 된다. 곤륜산

에서 시작해 멀고 먼 길을 돌아 내가 사는 바로 이곳에 당도한 기를 어떻게 보듬을 것인가? 그 기란 것을 어떻게 내 몸 안으로까지 끌어들일 것인지가 풍수의 근본 문제의식이 되는 것이다.

곤륜산에서 분출돼 산과 땅의 맥을 따라 역동적으로 흘러온 기는 산이 잠시 멈춘 지점에서 응결되기 마련이다. 그런데 곽박의 얘기대로라면 기는 "바람을 타면 흩어지고, 물에 닿으면 머무는" 것이니 기가 흩어지는 것을 막기 위해서는 바람을 가두어야(藏風) 한다.

그러나 가둔다고 해도 지맥이 계속 뻗어나가는 한 바람을 만나지 않아도 흩어질 수밖에 없는 것이 기다. 이 기가 흩어지지 않게 도와주는 또 하나의 장치가 물이다. 곤륜산으로부터 어렵사리 흘러온 신성한 기를 우리 마을의 것으로, 내 것으로 만들려면 물이 필요하다. 물이 그 기를 가로막아 불특정한 방향으로 흩어지는 것을 막아야 한다. 물을 얻어야(得水) 하는 것이다.

장풍과 득수는 바로 이 지점에서 고차원의 의미를 얻는다. 더 이상 생존을 위해 찬바람을 막고, 농사를 짓기 위해 물을 얻는 차원의 장풍·득수가 아니다. 사람들은 장풍과 득수를 통해 기를 얻으려 한다. 그렇다면 그 기란 과연 무엇인가?

기

기를 두고 어떤 이는 생명력을 이야기하고, 어떤 이는 에너지를 이야기한다. 뉘앙스가 약간 다르긴 하지만, 기의 성격을 미루어 짐작할 수 있게 해준다. 말하자면 기는 모종의 '힘'으로 볼 수 있다. 이 힘은 생명력으로서 온갖 식물을 움트게 한다. 동물의 생명력 역시 예외가 될 수 없다. 이 힘은 또 에너지로서 이 세상에 존재하는 모든 만물을 움직이게 하는 하나의 근원으로 작용한다.

좀 더 나아가 이 현상계 속 모든 존재와 기능의 근원을 기라고 정의하는 이도 있다. 자연계의 생성과 변화 그리고 소멸, 그 모든 것이 사실은 기의 움직임이라는 것이다. 이 정도면 기는 거의 신(神)이나 다름없는 위치에 서게 된다. 물론 다양한 분야의 사람들이 만들어 놓은 기에 대한 논의를 정색하고 받아들이자면 그 범위는 무한정 확장될 수 있다.

따라서 풍수에서 기에 대해 어떻게 말하고 있는지, 범위를 확 줄여보는 것이 합당할 것 같다. 그 논의를 『청오경』에서 한번 찾아보자.

음과 양이 서로 합해지고 하늘과 땅이 서로 통하면 내기(內氣)는 생명을 싹트게 하고, 외기(外氣)는 그 형상을 이룬다. 내기와 외기가 서로 의지하는 곳에서는 풍수가 절로 이뤄진다. 눈으로 자세히 살피고, 마음을 정성스럽게 해 능히 이를 깨달을 수 있다면 천하를 다녀도 거리낌이 없을 것이다.

여기서는 기를 내기와 외기로 구분했다. 내기는 생명을 싹 트게 한다 하니, 생명력과 에너지를 얘기할 때의 기와 비슷하다. 그러나 형상을 이루는 외기가 추가된다. 역동적으로 퍼져 있는 산세와 지세의 근원으로서 기를 언급하고 있는 것이다. 좋은 풍수는 내기와 외기가 조화롭게 서로를 의지하는 바로 그곳에서 탄생한다.

음과 양의 소통과 결합에서 기를 찾는 것은 동양철학적 문맥에서 생소한 일이 아니다. 그러나 『청오경』은 하늘과 땅의 교합·소통을 언급하면서 그 과정을 좀 더 구체화해줬다고 보면 될 것 같다.

기는 수증기?

이번엔 『금낭경』이다. 기에 대한 해설이 좀 더 세밀한 묘사를 얻는다.

무릇 음양의 기는 뿜으면 바람이 되고, 오르면 구름이
되고, 내리면 비가 되고, 땅속으로 돌아다니면 곧 생기(生
氣)가 된다.

　『금낭경』은 그냥 '기' 대신 '생기'란 표현을 쓰고 있다. 기의
생명력과 운동성을 강조한다고 봐야 할 것 같다. 사람이 어
느 순간 '아~!' 하고 탄식하는 것처럼 하늘과 땅도 탄식을 하
고, 이때 음양의 기가 내뿜어진다. 그게 바로 바람이란 것이
다. 바람이 하늘로 올라가 뭉친 것이 구름인데, 이 구름은 천
둥이 칠 때 비가 되어 다시 땅으로 내려온다. 그리고 바람으
로, 구름으로, 비로 모양을 바꾸던 기는 이제 땅속을 자유자
재로 흘러 다니며 만물에게 생명력을 전해주는 생기가 된다.
　곽박의 도식은, 피상적으로 비교하면 요즘 지구과학에서
얘기하는 수증기 또는 물의 순환을 표현한 것에 지나지 않
는 것처럼 보이기도 한다. 기는 그럼 그냥 물이고 수증기에
불과하다는 얘기인가? 기의 실체를 직접적으로 증명하기 어
려워 생기는 일이지만, 그렇다고 기와 물을 동일한 것으로 볼
수는 없다. 나아가 현대과학이란 것도 물이 지닌 생명력에 대
해 통달하고 있는 것도 아니다.
　얘기가 빗나갔다. 그보다 중요한 것은 지표면을 따라 흐르
는 생기가 지형에 따라 특정 장소에 머물기도 한다는 것이

다. 그리고 바로 그때 그 생기가 적당하게 머무는 곳이 바로 풍수에서 말하는 명당인 것이다.

그러니까 풍수의 관건은 땅을 흐르는 이 생기, 다른 말로 하면 살아 흐르는 지기(地氣)를 파악하는 일이다. 좀 더 일반 적으로 말하자면, 특정한 땅의 기운을 감지해 그 땅과 그곳 에 사는 사람의 기질이 서로 맞느냐를 따지는 게 풍수인 것 이다. 눈에는 잘 보이지 않는 지기를 어떻게 파악해 인간 생 활에 유용하게 쓸 것인가? 이것이 풍수의 근본 문제라 할 수 있다.

용을 찾아라

그렇다면 지기(地氣)를 어떻게 찾을 것인가? 눈으로 볼 수 없다 했으니 아무리 두 눈 씻고 긴 시간 쳐다보고 있어봐야 헛일 아니겠는가? 어떻게 해야 땅 밑을, 그것도 뚜렷한 형체도 없이 흘러 다니는 생기를 포착할 수 있을까?

보이지는 않지만 외기(外氣)는 형상을 이룬다 했다(『청오경』의 설명). 그러면 그 형상을 찾아내는 게 급선무다. 그 형상은 어떻게 생겼을까? 기를 직관(直觀)할 수 있었던 풍수의 고수들은 기의 역동적 움직임에서 전설적인 신물(神物)인 용(龍)의 모습을 발견했다. 웅혼하게 움직이는 용의 모습이 저 멀리 곤륜산에서 힘차게 뻗어온 기의 흐름과 닮아있음을 확인한 것이다. 기의 흐름을 파악하는 것은 그래서 지세(地勢)를 들썩이게 하는 용의 움직임을 찾아내는 것이다. 보이지 않는 기의 흐름 대신 낮은 포복으로 지표면을 헤치고 다니는, 바로 그 용을 찾아내야 한다!

용·혈·사·수

곤륜산에서 내려온 기는 백두산을 거쳐 우리나라 구석구석으로 퍼진다. 그리고 그 기가 전해지는 가장 강력한 통로는 물론 산맥과 산줄기다. 이렇게 기의 통로가 되는 산의 흐름을 전통적으로 '용(龍)'이라 부른다. 굳이 이런 설명이 아니더라도 기의 흐름과 용의 움직임을 동일시했던 고수들의 직관이 풍수에 있어 용이 얼마나 중요한 것인가를 웅변한다. 그러니까 풍수는 그 현실의 측면에서 용의 움직임을 파악하는 일인 셈이다.

높은 산에 올라 멀리 펼쳐진 산의 흐름을 보면 왜 조상들이 산을 용으로 간주했는지 어렵지 않게 알 수 있다. 저 멀리 역동적으로 몸을 꿈틀거리면서, 때론 공중으로 치솟았다가 때론 물을 찾듯 수직 강하하는 산의 모습은 영락없이 용이다.

쉴 새 없이 움직이던 용은 좋은 터를 발견하는 순간 유장한 흐름을 멈춘다. 용이 그 유장한 흐름을 끝내는 곳이 좋은 터라 말하는 게 논리적일 수도 있다. 아무래도 좋다. 용이 역동적인 움직임을 멈추고 머리를 조아린 바로 그곳이 '혈(穴)'이다. 풍수가 애타게 찾는 명당은 바로 이 혈을 중심에 둔 터를 말한다.

그러나 용이 움직임을 멈춘 혈처(穴處), 즉 혈 자리는 무조건 명당일 수 있는가? 곤륜산에서 멀고 험한 길을 헤쳐 온 용은 지칠 대로 지쳐 있다. 누군가 보호해주지 않으면 용은 그대로 고꾸라질 수도 있다. 때에 따라선 신물(神物)이 가장 약할 수도 있는 법이다. 용과 혈만으로는 명당이 만들어지지 못한다.

용과 용이 만들어낸 혈을 보호할 무엇인가가 필요하다. 이때 좌청룡과 우백호가 그런 역할을 한다. 혈의 위치에서 볼 때 왼쪽이 청룡(靑龍), 오른쪽이 백호(白虎)가 되어 혈을 지킨다. 혈 앞쪽으로 멀리 주작(朱雀)이 버티고 서고, 혈 뒤로는 용의 목덜미가 현무(玄武)가 되어 혈을 보호한다.

이렇게 사신사(四神砂), 전후좌우 네 개의 산이 혈을 둘러싸고 보호해야 명당 자격을 얻는다. 풍수에서는 이 사신사를 '사(砂)'로 통칭한다. 혈을 둘러싼 땅의 형세를 말한다. 장풍(藏風), 즉 바람을 가두는 역할도 사신사의 일이다.

마지막은 물이다. 용이 어렵게 끌고 온 기를 머물게 할 물이 필요하다. 긴 여행으로 지친 용이니 목을 축여야 할 것이

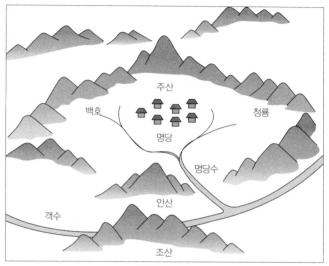

명당의 구조도

아닌가. 오아시스의 역할을 해줄 물, 바로 수(水)가 명당의 마지막 조건이다.

용(龍)·혈(穴)·사(砂)·수(水)!

명당을 판가름하는, 어떤 지역이 길지(吉地)인가 흉지(凶地)인가를 가늠케 해주는 풍수의 4대 기준이 바로 용·혈·사·수다. 이 네 개의 기준이야말로 다양한 학파, 복잡한 견해로 난마처럼 얽힌 풍수의 흔들리지 않는 지표다.

이제 문제는 용·혈·사·수의 기준에 따라 지세를 판단하는 일이다. 바야흐로 간룡(용)과 정혈(혈), 장풍(사)과 득수(수)

의 법이 전개되는 것이다.

간룡 – 용을 찾는 방법

용이 산줄기이니 간룡(看龍)은 산줄기를 살피는 것이다. 풍수의 기법 중 으뜸이 간룡이다. 풍수란 것은 어찌됐든 땅을 고르는 일인데, 땅을 고르려면 먼저 산줄기의 흐름을 통해 땅과 땅을 흐르는 기의 전체적인 판세를 읽어내라는 것이다.

용이 지지부진해서는 그 속에 좋은 기가 흐를 리 없다. 장쾌하고 웅혼한 모습으로 산세가 이어져야 큰 물과 큰 평야가 만들어지기 마련이다. 용은 좋은 터의 최소 조건인 셈이다. 산맥이 끝나는 지점에 살기 좋은 터가 만들어진다.

용은 살아 있는 뱀처럼 구불구불 유장하게 변화하고, 때론 상하로 급하지 않게 요동을 쳐야 좋은 용으로 친다. 무덤덤하게 일직선으로 내려오면 '직룡(直龍)'이나 '사룡(死龍)'이라는 말로 폄하된다.

우리나라 전체를 볼 때, 용의 흐름은 단순하고도 뚜렷하다. 백두산을 심장으로, 백두대간을 척추로 삼아 곤륜산으로부터 전해져 왔다는 정기가 산의 흐름을 따라 우리나라 구석구석으로 전해진다. 그러나 척추 역할을 하는 백두대간의 이곳저곳이 끊긴 것이 문제다. 물론 백두대간이 끊겼다고 기의 흐름이 완전히 절연된 것은 아니다. 기는 막히면 또 다른 길을 찾기 마련이다. 그러나 한반도의 주맥(主脈) 여기저기가 끊긴 것은 엄연한 사실이다. 500년 전이나 1,000년 전과 같은 절세의 명당이 이 시대에도 가능한지는 의문일 수밖에 없다.

더 큰 문제는 백두대간과 같은 주맥뿐만 아니라 지역의 작은 용들마저 개발에 따른 상처를 입고 있다는 것이다. 이런 상황에서 산맥과 줄기만을 용으로 봐서는 기의 흐름이 아니라 기의 중단만을 파악하게 되는 상황이 올 수도 있다. 산줄기가 끊기면서 막힌 기는 무엇을 통해 흘러가게 될까?

최근 풍수학인들 사이에서 국토를 관통하며 새롭게 혈맥 역할을 하는 도로를 통해 기의 흐름을 포착하려는 움직임이 엿보인다. 말하자면 도로를 21세기의 용으로 보려는 시도다. 한 도시의 생명이 그 도시로 연결되는 간선 도로에서부터 시작한다는 점에 착안해 기의 새로운 네트워크를 찾아보려는 시도다.

용의 저주

용이 이렇게 중요하다보니 용을 잘못 건드리는 것은 하늘의 뜻을 거역하는 일로 간주됐다. 산의 흐름을 따라 유통되는 기운은 신성한 것이었으니……. 풍수에 대한 옛사람들의 찬사와 두려움을 함께 보여주는 굵직한 에피소드들이 여럿 있다. 모두 '용'을 둘러싸고 벌어진 일들이다.

먼저 진시황 시대에 황제의 측근으로 수많은 업적을 남긴 장군 몽염(蒙恬) 이야기다. 전쟁터에서 세운 공(功)도 공이지만, 몽염의 가장 큰 업적은 시황의 뜻을 받들어 만리장성 축조를 총괄한 일이었다. 지금도 많은 사람들이 그 축조 과정을 신기하게 여기는 인류의 대건축물, 만리장성의 실질적 건설자가 몽염인 셈이다.

그러나 진나라의 위대한 장군 몽염은 진시황 사후 비참한 죽음을 맞는다. 그때 몽염의 뼈아픈 한탄은 정확하게 '풍수적'이다. 죽음을 앞둔 몽염이 이렇게 절규했다는 것 아닌가.

"만리장성을 쌓으면서 얼마나 많은 지맥을 잘랐겠는가! 내가 지금 이리 죽는 것은 수많은 맥을 잘라낸 것에 대한 천벌이다!"

수백 년이 흐른 뒤, 수나라의 멸망에 대한 평가도 풍수적인 맥락에서 벗어나지 않았다. 사람들은 수나라 멸망의 원인을 대운하 건설에서 찾았다. 무리한 운하 건설이 자신들의 삶을 열악하게 만든 데 대한 분노도 있었겠지만, 당시 분노의 정도는 인간적인 차원을 넘어서는 것이었다. 그들은 중국 동부를 관통하는 운하를 건설하느라 수많은 지맥이 잘려 나갔고, 무분별한 단맥(斷脈)에 하늘이 노해 수나라가 망했다고 생각했다. 용은 함부로 건드리는 게 아니다.

장풍 – 바람 잡는 청룡·백호

제대로 된 혈을 잡는 정혈(定穴)의 술법을 뒤로 미루고, 용·혈·사·수 중 사(砂)와 수(水)부터 다뤄보자. 먼저 사와 관련된 것이 바로 장풍법(藏風法)이다. 장풍은 득수와 함께 풍수의 어원이기도 하지만, 풍수의 주요 기법 중 하나이기도 하다. 기법으로서의 장풍은 용·혈·사·수 중 사(砂), 바로 청룡·백호·주작·현무의 사신사(四神砂)를 파악하는 방법이 된다.

용 한 마리가 멀리서 꿈틀대며 다가와 혈 자리에 기를 주입하기 직전에 허리 내지 목덜미를 곧추 세운다. 그게 주산(主山)이 된다. 주산을 뒤로 하고 정면을 바라볼 때, 왼쪽의 산이 청룡(좌청룡)이 되고, 오른쪽 산이 백호(우백호)가 된다. 명당 앞쪽으로는 대개 넓은 터가 펼쳐지는데, 그 평야를 지나 낮은 산 하나가 솟아올라 주작(전주작)으로 넓은 터를 감싼다.

그러니까 장풍이 잘 되는 지역은 청룡·백호·전작·현무 사신사가 가운데 혈을 중심으로 한 터를 포근히 감싸듯 안고 있는 지역이다. 이런 지세가 되어야 용을 타고 들어온 기가 사방으로 흩어지지 않고, 혈을 중심으로 한 터에 넉넉히 퍼

35

져 있게 된다. 이렇게 사신사가 장풍의 역할을 훌륭히 수행하면 기의 안정적인 흐름은 물론, 심리적 안정성과 물리적인 안락함까지 제공받게 된다.

서울을 예로 들어보자. 주산인 북악이 뒤로 버티고, 북악의 좌우로 낙산과 인왕산이 용과 호랑이가 되어 도성을 감싸는 곳이다. 저 멀리 관악산이 손님 산(조산·朝山)으로 마주하고 있고, 북악과 관악 사이에 책상(안산·案山)처럼 남산이 자리하고 있다.

이때 북악에서 경복궁을 거쳐 광화문에 이르는 길은 용의 목과 머리에 해당한다. 머리를 내민 용을 통해 백두산의 정기가 서울 전체에 드넓게 불어 넣어지는 형국이다.

그러나 좋은 땅이라 하더라도 좌우에서 호위하는 청룡과 백호가 온전한 모양새를 갖추고 있지 못한 경우가 많고, 서울의 경우도 그렇다. 서울(한양)의 경우, 백호에 해당하는 인왕산은 사실 한쪽이 허물어진 형국으로 허(虛)한 면을 가지고 있는데, 조선 초기에 이를 둘러싸고 상당한 정치적 갈등이 전개되기도 했다.

득수 – 감싸주는 물

풍수의 정의에서 설명했듯, 물을 얻어야만 용을 타고 내려온 기를 한 자리에 머물게 할 수 있다. 그렇다면 득수법(得水法)은 용의 움직임을 파악하는 간룡에 부수적인 풍수의 기법일 뿐일까?

군이 따진다면 지역에 따라 다르다고 해야 할 것이다. 우리나라에 비해 상대적으로 산이 적고, 물의 효용을 강하게 느끼는 지역적 특성 때문인지는 몰라도 중국의 풍수 고전들은 유난히 득수의 중요성을 강조한다. "풍수에서 득수가 으뜸이요, 장풍이 그 다음"이라는 설명이 상당수의 책에서 형태를 달리해 출몰한다.

그러나 종합적인 시각에서 보자면, 산세를 파악하는 간룡과 물의 흐름을 파악하는 득수의 우열을 가리는 일은 무의미하다. 동양권 학문의 다른 가치 판단도 그렇지만, 풍수 역시 가치 판단의 기준으로 음양의 조화를 중시한다. 그럴 경우, 산의 움직임과 물의 흐름 어느 한쪽에 우위를 두는 것은 있을 수 없는 일이다.

역동적인 모습으로 명당을 향해 치고 들어오는 산세가 양(陽)이라면, 그 명당을 큰 흐름으로 감싸 안으며 생기를 머물게 하는 물은 음(陰)이다. 반대로 명당의 뒤를 조용히 떠받치고 있는 산세의 정(靜)한 모습을 음으로 본다면, 정적인 산을 휘감아주며 생명성을 부여하는 물의 동(動)적인 흐름은 양이라 할 것이다.

산과 물이 이렇게 양과 음, 또는 음과 양의 모습으로 조화를 이뤄야 바람직한 것은 두말할 나위가 없다. 어느 한쪽이 강해서는 좋은 터가 형성될 수 없다. 예컨대 간룡과 장풍의 측면에서 파악된 산세는 그저 단아할 따름인데, 물의 흐름이 지나치게 크고 강하다면 명당을 기대하기 어렵다. 반대로 산세는 강하고 압도적인 모습인데, 물의 흐름이 가늘다면 이 또한 명당이 될 수 없다.

서울의 경우를 볼 때, 좁게는 북악산과 청계천이 음양의 조화를 이루고, 넓게는 북한산과 한강이 음양의 조화를 이루면서 아름다운 도시가 형성될 수 있었던 것이다.

정혈 – 기능의 중심

현실적으로 간룡과 장풍, 득수를 통해 명당의 규모와 형국을 얼추 파악한 후에야 기의 흐름이 맺힌 혈을 제대로 파악할 수 있다.

기의 흐름이 맺혀 있는 혈은, 말하자면 하나의 터에서 가장 생기가 넘쳐흐르는 곳인 동시에 그 터의 중심지라 할 수 있다. 그런데 기의 흐름이 응집한 혈을 찾는 게 쉬울 리 없다. 눈에 보이지 않기 때문이다. 전통 풍수서들은 전후좌우 산세(山勢)와 수국(水局)을 살피라는 식으로 말하지만, 이게 참 뜬구름 잡는 얘기다. 정감 있는 청룡과 백호, 수려한 손님 산(조산) 과 아담한 책상(안산)의 위치를 모두 보아야 혈의 위치를 알 수 있다는 얘기들도 하지만, 이 역시 동어반복의 수준이다.

결과론적인 얘기지만, 조선을 시대 배경으로 해 한양의 혈 처를 얘기한다면 왕이 정사를 펴던 경복궁의 근정전을 떠올 려 봄직하다. 그럼 이 시대 서울의 혈처는 어디인가? 조선시 대와 마찬가지로 근정전의 자리인가, 아니면 청와대의 대통 령 집무실인가? 단순한 문제가 아니다.

혈처는 그 터의 중심지라는 성격상 실제로도 중심 기능을 행하고 있는지를 함께 따져봐야 하는데, 예컨대 도시의 경우 한 도시의 중심 기능이 과연 무엇인가에 대해 상이한 입장 이 있을 수 있다. 특히 예전 같으면 산의 형세와 물의 흐름에 의해서만 좌우됐을 기의 흐름이 요즘에는 첨단의 거대 구조 물들로 인해 복잡한 양상을 띠게 됐다. 한 지역에서 한 군데 의 혈처를 찾는 게 더욱 난감한 상황이다. 차라리 적당한 자 리에 분산된 몇 개의 혈을 상정하는 것이 현실적인 일인지도 모른다.

좌향

용·혈·사·수의 4대 기준에 따라 간룡·정혈·장풍·득수의 풍수 기법을 간략히 살펴보았지만, 빼놓을 수 없는 또 한 가지 중요한 '기법'이 있다. 바로 '좌향론(坐向論)'이라 일컫는 풍수의 한 분야다.

좌향론은 방위와 관계가 있는데, 이 방위란 것이 세분화하자면 끝이 없는 것이고, 각각의 방위마다 오행에 따른 길흉화복까지 연결시키면서 과도하게 복잡해진 느낌이 있다. 그 복잡한 이론을 현대에도 진지하게 궁구해야 할 필요가 있을까 싶다.

좌향론은 일정한 터 또는 집이 향하고 있는 방향을 말한다. 기를 부르고 흩뜨리는 산의 형세, 그리고 물의 흐름에 따라 좋은 터를 선정했다 하더라도 그 터가 향한 방향을 고려하지 않으면 낭패이기 십상이다.

이유는 간단하다. 터의 형국은 더할 나위 없는 명당이라 해도 그 터가 향한 방향을 볼 때, 햇빛이 제대로 들지 않는다 치자. 살기 좋을 리 없다. 이럴 경우 기의 움직임을 포착하기 위한 갖은 노력은 허사가 되고 만다.

이론을 복잡하게 만들자면 한정 없는 것이지만, 적어도 지구의 북반구, 그중에서도 동아시아의 경우 좌향의 문제는 대단히 단순한 문제일 수 있다는 정도만 얘기하고 넘어가자. 터나 건물이 남향이라면 햇빛도 잘 받게 마련이고, 우리나라나 중국 등에 특유한 북서계절풍을 맞바람으로 받을 일도 없을 것이다.

좌향에 따른 판단과 간룡·장풍에 따른 판단이 경합하는 경우가 생길 수도 있다. 이 경우 일률적인 답변은 있을 수 없다. 해당 터나 집의 기능을 보고 판단할 수밖에 없다.

배산임수와 전착후관

이 모든 풍수의 기법들을 끌어안으면서 풍수의 대표적 기법인양 일상에서 자리를 굳힌 용어가 있다. 바로 배산임수(背山臨水)다.

어떻게 하면 바람을 가두고 물을 얻어 생명력 넘치는 땅의 기운을 얻을 수 있을까? 복잡한 기의 흐름을 파악할 필요도 능력도 없는 이들에게 '배산임수'는 간편하고도 강력한 진리의 도구였다.

지기(地氣)는 어떨지 모르지만, 일단 북풍을 막아주는 산을 뒤로 하고 앞으로 농사에 필요한 적당량의 물을 확보하면 살만은 했다. 말하자면 배산임수는 농사가 생업인 이들의 생존을 위한 술수였던 것이다. 게다가 배산임수는 풍수의 지침 중 간룡과 득수의 문제를 완전하지는 않지만 어느 정도 해결해주는 일종의 민간요법이기도 했다.

배산임수 외에 전착후관(前窄後寬)과 전저후고(前低後高)도

일상에 강하게 자리 잡은 풍수적 속설이다. 전착후관은 입구는 좁은데 안으로 들어갈수록 넓어지는 터나 집의 형태를 말한다. 출입구를 협소하게 해 외부의 침입을 차단한다는 사회적 이념이 건축에 구현된 것으로 볼 수 있다. 전저후고는 앞은 낮고 뒤는 높은 형국으로, 배산임수 지역에 당연히 나타날 수밖에 없는 지세에 대한 선호를 담고 있다고 보면 되겠다.

도심의 흔적들

조선 풍수의 본질로 진입하기 위해서는 신라 말·고려 초로 거슬러 올라가는 풍수의 역사부터 논해야 한다. 그러나 그 전에, 지금 이곳 도심에서 발견할 수 있는 풍수의 흔적부터 스케치하듯 가볍게 점검하고 넘어가려 한다.

희미하지만 일상 곳곳에 확고하게 자리한 풍수의 흔적들을 통해 풍수라는 것이 생각보다 가까운 곳에서 현실적 영향력을 행사하고 있음을 알게 될 것이다. 용·혈·사·수로부터 간룡·장풍·득수·정혈의 기법까지, 지금까지 정리한 풍수의 기본 요소들이 날마다 거니는 도심과 일상의 모습을 새롭게 보이게 만들 것이다. 본격 논의에 앞선 워밍업이기도 하다.

신촌과 안암동

서울 강북을 높은 곳에서 부감(俯瞰)하면 광화문을 중심에 두고 서대문 너머에 신촌, 동대문 너머에 안암동이 펼쳐진다. 시선을 한강과 강남 쪽으로 둔 상태라면 왼쪽이 안암, 오른쪽이 신촌이 된다.

그 기세가 예전 같진 않지만 신촌의 연세대와 안암동의 고려대는 오랫동안 명문 사학으로서 양자대결을 펼쳐오고 있는데, 그 구도를 오래 전에 풍수적으로 해석한 이가 있다. 우리 시대의 대표적 풍수학인인 최창조(崔昌祚) 전 서울대 교수의 분석으로 "연세대는 상대, 고려대는 법대가 강할 수밖에 없다"는 것이다. 대학들의 경쟁이 치열해지면서 연대 상대·고대 법대의 대결 구도는 희석된 느낌이 있지만, 전통적으로 두 대학이 상경 계열과 법정 계열에서 두각을 보인 것은 사실이다. 최 교수는 그 이유를 좌청룡·우백호의 관점에서 찾았다.

광화문을 중심에 두면 두 학교는 각각 좌청룡(고려대) 우백호(연세대)에 해당한다. 그런데 풍수적으로 청룡은 제왕·출세·관운·남자를, 백호는 재물·수확·출산·여자를 의미한다. 청룡의 고려대가 관운과 밀접한 법학·행정 계통에서, 백호의 연세대가 재물과 관계있는 경제·경영 분야에서 우세를 보이는 것은 '땅의 운명적 속성'에 따른 것이란 얘기다.

연세대와 고려대의 학과 특성에 대한 분석과 별도로 두 지역은 모두 명당에 속한다고 한다. 고려대가 있는 안암골은 태조 이성계가 자신의 무덤 자리로 생각했던 곳이고, 연세대가 위치한 서대문의 안산 밑자락 역시 조선의 새 도읍지로 거론될 만큼 길지였다는 것이다.

해태, 물 항아리 그리고 숭례문

이제 중심부로 진입해보자. 서울에 각인된 풍수의 흔적을 발견하는 것은 어려운 일이 아니다. 서울 한복판 광화문의 해태상과 남대문의 '숭례문(崇禮門)' 현판도 풍수의 조언을 오롯이 담고 있는 경우다.

광화문과 숭례문의 풍수를 얘기하기 위해서는 먼저 관악산을 조망하고 가야 한다. 관악산은 눈에 보이는 것처럼 험악한 바위산이다. 산의 모양은 풍수적으로 목·화·토·금·수 오행에 따라 분류하는데, 관악산이 어디에 속하는지는 명확하다. 뾰족한 봉우리들은 영락없이 타오르는 불꽃이고, 관악산은 불을 한껏 머금은 화형(火形)의 산이다.

그런데 관악산은 조선의 핵심 장소인 경복궁을 정면으로 향하고 있다. 조선 초기에 경복궁을 비롯한 서울 시내에 화재가 빈번했던 모양인데, 사람들이 그 이유를 어디에서 찾았겠는가? 화기(火氣) 가득한 관악산이 원인으로 지목됐다.

그 불의 기운을 억누르기 위해 만들어진 게 광화문의 해태상이다. 물의 성질을 가득 품고 있는 전설의 짐승 해태로 관악의 거센 불기운을 잡으려 한 것이다. 관악산의 화기가 들어오는 길목에 버티고 선 남산에는 커다란 물 항아리까지 묻었다고 하지 않는가!

최근 복원된 숭례문도 마찬가지다. 건물 상단에는 '崇禮門' 현판이 세로로 붙어 있다. 이 역시 관악의 불기운을 잡겠다는 의도다. 다만 광화문의 해태가 물로 불을 잡으려는 시도라면, 위아래로 세워진 숭례문 현판은 불로 불을 잡겠다는 의지의 표현이다. '숭(崇)'이라는 한자어 자체가 위로 타오르는 불꽃 모양이다. 또 유교의 다섯 가지 덕목 중 하나인 '예(禮)' 역시 오행으로 따질 때 화(火)에 배정된다. 현판을 가로가 아닌 세로로 세운 것도 불꽃을 제대로 피어 올리기 위한 것이다.

결국 광화문의 해태와 남산의 물 항아리 그리고 숭례문 현판 모두 화기에 노출된 한양의 풍수적 결함을 어떻게든 보충하려는 수단임을 알 수 있다. 이렇게 무언가를 보충하는 것을 한자어로 '비보(裨補)'라 하는데, 비보는 사실 우리 풍수의 핵심 중 하나다.

비보

비보는 몸에 침을 놓고 뜸을 뜨는 한의학의 치료법을 떠올리면 쉽게 이해할 수 있다. 어떤 사람이 병을 얻었다 치자. 한의사는 이 사람의 혈맥을 파악하고, 그 흐름에서 기가 응어리지거나 기가 허(虛)한 곳을 찾아 침을 놓고 뜸을 뜬다. 왜곡된 기의 흐름을 정상화하는 방법으로 병을 고치는 것이다.

전통의 비보 풍수에서 침이나 뜸의 역할을 한 것이 바로 절이요 불상이다. 탑이나 부도도 같은 역할을 했다. 자연적이든 인위적이든 자연에서도 기의 흐름에 왜곡이 생길 수 있는데, 그게 바로 산천의 병(病)이라 할 것이다. 산천의 병을 고치기 위해 조상들은 기에 문제가 생긴 곳을 찾아 절을 세우거나 불상을 만들고, 그것도 아니면 탑이나 부도를 조성해 기의 흐름을 원활하게 하려 한 것이다. 침이나 뜸을 놓는 것과 똑같은 원리다.

산으로 여행을 하다 보면 길목에 난데없이 돌무더기가 쌓여 있는 경우가 있다. 이 사람, 저 사람이 소원도 빌 겸 우연히 쌓은 돌이 큰 더미를 이룬 경우도 있지만, 그중에는 비보 차원에서 의식적으로 조성된 것들도 있다.

이렇게 비보를 염두에 두고 나면 조상들이 만들어 놓은 다양한 구조물에 관한 의문이 눈 녹듯 풀리는 수가 있다. 전국적으로 산재한 절의 위치도 그중 하나다. 우리나라의 경우 도처에 산이요, 그 산마다 도처에 절이다. 그런데 산을 오르다 보면 뒤쪽으로 유장한 산의 흐름, 앞쪽으로 탁 트인 풍광을 가진 절도 있지만 그렇지 않은 경우도 많다. 산세가 뒤틀린 곳의 끝자락, 또 아무리 보아도 기존의 풍수 상식으로는 기의 흐름이 원활하기 힘든 지점에 절이 자리한 경우다.

그렇게 기묘한 입지 선정이 바로 비보의 사례다. 기의 흐름이 끊기거나 왜곡된 바로 그 지점에 절을 둠으로써 기의 흐름을 원활하게 하고자 하는 것이다. 인체의 중요한 경혈을 찾아 침을 놓고 뜸을 뜨는 일과 전혀 다를 게 없다. 말하자면 전통의 비보 풍수는 병든 자연을 건강하게 만드는 치유의 지리학으로 볼 수 있다.

자금성과 경복궁

스케치하려던 도심을 한참 벗어났다. 다시 광화문으로 가보자. 모든 풍수의 이론은 그림에 빗대자면 진경(眞景)의 특성을 갖는다. 땅에 대해 얘기하는데 남의 땅을 재료로 쓸 수는 없는 일이다. 조선 풍수에 대해 논하는데 중국 땅에 관한 이론을 원용한다면 맞을 리 있겠는가? 그런 의미에서 모든 풍수는 자생풍수(自生風水)일 수밖에 없다. 그리고 모든 풍수가 자생의 경향을 띠는 한, 풍수는 근거 없는 사대주의를 배격할 수 있는 좋은 근거이기도 하다.

중국 여행 초창기에 베이징(北京)을 다녀온 사람들은 자금성(紫禁城)과 경복궁의 규모를 곧잘 비교하곤 했다. 우리의 대표적 왕궁이 경복궁인데 자금성에 비하면 규모가 너무 초라하다는 얘기였다. 여기에는 왕궁의 규모로 당대의 기술 수준과 국력 수준까지 함께 평가하려는 의도가 숨어 있기 마련이다. 그러나 그런 의도가 바람직하지 않다는 사실을 일깨워주는 에피소드가 있다.

고려 충렬왕(忠烈王) 때 일이다. '조성도감(造成都監)'이라고 건축을 관장하는 관청이 있었는데, 이 관청이 다소 높은 건물을 지으려 했던 모양이다. 그랬더니 누군가 책 한 권을 인용하면서 경고를 하고 나섰다. "산이 드물면 높은 집을 짓고, 산이 많으면 낮은 집을 지어야 한다"는 게 인용된 부분이었다. 산이 많은 것은 양(陽)인데, 이럴 경우 음(陰)에 해당하는 낮은 집을 지어야 조화가 이뤄진다는 것이었다.

그런데 책의 내용은 그 정도가 아니었다. 이 책은 "우리나라는 산이 많아서 집을 높이 지으면 반드시 망할 것"이라고 아주 강한 어조로 비판하고 있었다. 이 책을 인용한 이는 "태조 이래로 궁궐은 물론 백성의 살림집까지 높게 짓지 못하게 한 까닭이 여기에 있다"고 강조했다.

이 정도면 경복궁과 자금성의 규모를 단순 비교하는 게 얼마나 단견(短見)인지 알만하지 않은가. 궁궐을 포함해 높고 큰 건축물을 만들지 않은 것은 기술이나 국력의 수준에 따른 것만은 아니었던 것이다. 유독 산이 많은 우리나라 지형에 적당한 건축 마인드였다.

중요한 얘기는 아니지만, 높은 건물을 짓는 데 반대하면서 고려의 관료가 인용했던 책은 『비기(秘記)』이며, 이 책을 지은 것으로 알려진 이는 풍수의 대가로 꼽히는 선승 도선(道詵)이다.

거대 풍수

자금성 얘기가 나온 김에 자금성이 위치한 베이징의 풍수에 대해서도 잠깐 언급하고 넘어가는 게 좋겠다. 멀지 않다는 이점 덕분에 많은 사람들이 관광을 다녀와 잘 알지만, 베이징은 기후 측면에서 그리 살기 좋은 도시가 아니다. 중국이란 큰 나라를 지휘하기에 지리적으로 너무 치우치기도 했다. 그런데 왜, 금나라에서 원·명·청 그리고 현대에 이르기까지 베이징이 수도의 자리를 굳건히 지키고 있을까?

베이징의 선전(善戰)에는 분명 지정학적인 이유도 있겠지만 풍수적인 요소도 빼놓을 수 없다. 풍수의 맥락에서 베이징을 최고의 명당으로 해석해 베이징이 대대로 수도의 자리를 지킬 수 있도록 근거를 마련해 놓은 사람은 다름 아닌 주희 (朱熹)다. 주역에도 능통했던 주희는 풍수 전문가이기도 했다.

그런 주희가 베이징의 지세를 논한 적이 있는데, 그 스케일이 대단하다. 주희가 풍수학인의 입장에서 파악한 베이징의 좌청룡·우백호를 보면, 태산(泰山)이 청룡이고, 화산(華山)이 백호다. 명당이면 갖춰야 하는 명당수는 황하(黃河)다. 서울로 치면 황하가 한강이고, 태산이 낙산, 화산이 인왕산인 격이다. 그런데 지도를 한번 펴보라. 베이징에서 황하와 태산, 화산까지의 거리는 족히 수백 킬로미터나 된다.

그러나 기죽을 필요 없다. 한반도 전체를 혈 또는 명당으로 보는 시각도 있기 때문이다. 20세기 초에 생겨난 자생 종교 중 하나인 증산도(甑山道)의 논리를 보면, 그 스케일이 주희 정도는 훌쩍 뛰어넘고도 남는다. 한반도를 중심의 혈 자리로 놓고 나면 일본이 내청룡, 중국과 인도차이나 반도가 내백호가 된다. 솔직히 좀 멀리 나가는 느낌이 있지만, 어쨌든 증산도의 입장을 따르면 저 멀리 남북아메리카 대륙이 외청룡, 서아시아와 아프리카 대륙이 외백호가 된다. 그럼 오스트레일리아 대륙은 무엇일까? 풍수적으로 책상에 해당하는 안산(案山) 쯤 된다.

이런 구도 속에서 한반도가 세계의 혈처(穴處)가 되는 것이다. 후천(後天), 그리고 개벽(開闢)의 세상이 오면 우리가 사는 한반도가 지상 천국으로서 세계의 중심이 된다는 얘기다. 좀 거창한 면이 없지 않지만, 어차피 후천개벽 이후의 일이니까⋯⋯.

가이아 이론

잠시 가이아(Gaia) 가설을 소개하고자 하는데, 언제부터인가 풍수와 가이아 이론을 비교하려는 시도가 심심찮게 이어지고 있기 때문이다. 한반도를 중심으로 세계의 풍수적 재편 얘기를 꺼낸 것도 그 이유 중 하나다. 양자에 공통적인 지구적 차원의 스케일이 인상적이지 않은가!

가이아 가설은 1970년대 중반에 제임스 러브록(James Lovelock)이라는 학자가 내놓은 지구환경에 관한 이론이다. 대기를 포함한 지구환경 전체와 그 안에 살아있는 모든 것들을 거대한 생명체로 보는 시각이다. 여기서 가상적인 거대 생명체의 이름이 가이아인데, 가이아는 원래 그리스 신화에 나오는 땅의 여신이다. 러브록의 이론에서 '초대형 생명체' 가이아는 사람도 그 구성요소로 포함하고 있고, 사람과 자연은 가이아 속에서 신체의 세포들처럼 서로 영향을 주고받는다.

하지만 가이아 이론과 풍수를 같은 맥락에 놓는 것이 온

당한 일인지는 모르겠다. 풍수의 입장은 가이아처럼 지구 전체를 생명체로 보는 데까지 나가는 것은 아니다. 풍수는 그 설명을 한껏 신화화한들, 곤륜산에서 출발한 강력한 기운이 세상 곳곳으로 퍼져 나갔다는 차원을 넘지 못한다. 자연과 인간을 포함한 이 세상이 하나의 거대한 유기체라는 가이아 이론과는 상당한 시각차가 있다.

더욱이 리처드 도킨스(Clinton Richard Dawkins) 같은 영향력 있는 과학자들이 이미 오래 전에 '나쁜 시적 과학(Bad poetic science)'의 표본으로 가이아 가설을 지목한 적도 있다. 가이아 가설은 서구에서도 이미 빛을 발하지 못하고 있는 이론이란 얘기다. 시적인 것은 몰라도 굳이 '나쁜 과학'의 오명까지 함께 뒤집어 쓸 필요는 없지 않은가.

사주는 시간, 풍수는 공간

일상 속 풍수의 흔적을 점검할 때 빼놓을 수 없는 게 하나 있다. 사주와의 관계다. 사주와 풍수는 둘 다 동양철학으로 때에 따라서는 미신이나 잡설로 함께 분류되지만, 그런 악의적인 비난에 신경 쓸 일은 아니다. 사주든 풍수든 궁극적으로는 사람의 운명에 관계한다는 것은 누구나 동의할 수 있는 공통점이다. 그 지점에서 출발하자. 사람의 운명을 얘기하는 사주와 풍수, 두 체계는 과연 어떤 차이를 가지고 있을까?

한 사람의 운명은 그가 어떤 식으로든 받아 몸에 간직하게 된 우주의 기운에 의해 결정된다는 게 동양의 전통적 시각이다. 짧게 '운(運)'이라고도 불리는 기운이다. 그러나 운이 전부는 아니다. 어떤 상황이든 사람들은 무엇인가 하려는 의지를 갖게 되고, 그렇게 운과 의지가 결합하면서 만들어지는 게 인생이요, 삶이다.

삶을 결정하는 두 요소 가운데 의지를 제쳐놓고 나면, 우주적 차원의 기운은 크게 시간과 공간 차원으로 나누어 설명할 수 있다. 이때 그 기운을 시간 차원에서 해석하는 방법이 '사주명리'라면, 공간 차원에서 파악하는 방법이 '풍수'가된다.

먼저 사주에 대해 생각해보자. 우주에 편재한 목·화·토·금·수 다섯 가지의 기운은 한순간도 쉬지 않고 끊임없이 변하고 있다. 그런데 한 사람이 태어나는 순간, 그러니까 특정 연월일시의 바로 그 시점에 특정한 구성으로 이뤄져 있던 우주의 기운이 그에게 한꺼번에 몰려든다.

사주가 파악하는 네 개의 기둥(사주), 여덟 개의 글자(팔자)는 바로 그 순간 우주의 기운을 나타낸다. 명리연구가들은 추상적인 기호로 나타내진 이 사주팔자를 오행으로 환원하면서 한 사람이 가진 기운을 파악하는 것이다. 그리고 여기에 대운(大運)의 개념을 더하면, 이 사람이 나이를 들어감에 따라 받게 되는 기의 구성이 어떻게 달라지는지 파악할 수 있다.

장소가 사람을 만든다

그런데 같은 날, 같은 시간에 태어난 사람이라도 산의 정기를 타고 태어난 사람과 바다의 정기를 타고 태어난 사람은 기운의 구성이 다를 수밖에 없지 않겠는가. 드넓게 펼쳐진 평야에서 어린 시절을 보낸 사람과 험준한 산악 지방에서 어린 시절을 보낸 사람에게서 나타나는 기질의 차이는 그가 바라본 풍경의 탓일 수만은 없다.

또 성인이 된 이후 어떤 공간에서 살고 있느냐 하는 것도 사람들을 구성하는 기운의 성격을 각각 다르게 만든다. 한날 한시에 태어난 사람이라도 어디서 살았느냐, 어디서 살아가고 있느냐에 따라 받아들이는 기운이 다르고, 그 차이를 파악하는 게 바로 풍수의 작업이다.

사정이 이러하니 사주와 풍수를 함께 생각해야만 어떤 사람이 몸에 간직하고 있는 에너지, 즉 기운을 시공간의 차원에서 종합적으로 파악할 수 있는 것이다. 그렇다고 사주와 풍수가 어떤 이의 운명에 미치는 영향의 비중을 기계적이고 산수적인 방법으로 나눌 수 없음은 물론이다. 특정 시점, 특정 공간에서 어느 한 사람이 사주와 풍수를 따져볼 때 어떤 기운을 얼마만큼 가지고 있느냐를 판단하는 문제는 지난한 인생 경험과 고도의 직관력에서 나올 수밖에 없을 것이다.

자, 그럼 이제 그 공간과 운명이 함께 엮인 풍수의 장(場)으로 다시 진입해보자.

권력과 풍수

풍수 하면 여전히 묏자리 풍수를 떠올리는 사람들이 많다. '조상의 묘소(묏자리)를 명당에 잡으면 후손에게 복이 찾아온다(발복·發福)'는 게 묏자리 풍수의 핵심이다. 산 사람의 주거를 찾는 양택(陽宅) 풍수에 비해 죽은 이들의 누울 자리를 선정하는 방법을 일컫는 음택(陰宅) 풍수는 유학 일변도의 조선 사회에서 효 사상과 맞물리면서 광범하게, 그리고 강력하게 자리를 잡았다. 후손들에게 실제로 복이 생기는지 여부와 관계없이 부모를 명당에 모시는 것 자체가 절대 선(善)으로 통하는 분위기였으니까.

그러나 우리나라에 풍수적인 사고가 도입된 이래, 주류는 음택의 풍수가 아니었다. 그렇다면 안락하게 삶의 터를 제공하고 복도 중개해주는 곳을 찾는 양택의 풍수가 주류였던가? 그것도 아니다. 그 시발점에서 풍수는 나라의 강역(疆域)을 논하고, 수도의 입지를 선정하는 고도의 정치 전략에 가까웠다. 그 전략에는 수백 년에 걸친 한 나라의 국운에 관한 예측까지 포함되어 있음은 물론이다.

왕건과 훈요십조

그 같은 정황을 고려의 건국자인 태조 왕건(王建)의 유훈을 통해 알 수 있다. 왕건은 죽기 얼마 전, 유훈으로 '훈요십조(訓要十條)'를 남긴다. 왕건이 총애하던 신하 박술희(朴述熙)를 내전으로 은밀히 불러들여 남겼다는 문서다. 자손들이 꼭 따라줬으면 하는 열 가지 사항을 정리한 것이다.

그런데 훈요십조의 내용을 요즘 기준으로 보면 좀 황당하다. 냉혹하기 짝이 없는 전쟁터에서 삶의 상당 기간을 보내고, 고도의 정치력으로 후삼국을 통일한 이 희대의 집권자는 온통 풍수적 사고로 가득 차 있었던 것 같다. 풍수지리를 신봉한 정도가 상상을 뛰어넘는다.

제1훈을 보자. 왕건은 자신이 이룬 국가의 대업, 즉 고려 창건이 '제불(諸佛)의 호위와 지덕(地德)'에 의한 것으로 못 박는다. 부처님의 도움은 당시 불교에 기울었던 사상계 동향을 감안할 때 대단한 얘기는 아닐 것이다. 그런데 지덕, 즉 산천의 도움을 부처님의 도움과 같은 반열에 올려놓고 있다.

제2훈은 좀 더 나아간다. 신라 멸망의 원인 역시 풍수에서 찾고 있는 것이다. 왕건은 천년 왕국 신라의 멸망이 절과 탑을 무분별하게 만든 탓이라고 말한다. 그렇게 만든 절과 탑들이 지덕을 손상시켰기 때문에 나라가 망했다는 것이다. 그러면서 고려의 사원은 도선이 산수(山水)의 순역(順逆)을 보고 만든 것이니 함부로 건드리지 말라고 경고한다.

제5훈은 서경(西京), 즉 평양을 중시하라는 내용인데, 그 이유도 서경의 수덕(水德)이 순조로워 우리나라 지맥(地脈)의 근본이 되기 때문이다. 이와 함께 삼한(三韓) 산천의 도움에 힘입어 대업(大業)을 이루었다는 얘기를 또 한다.

태조 왕건은 제8훈에서 후백제 사람을 등용하지 말라는 주문도 했다. 오랜 시간이 흘러 우리나라 현대사에서 지역감정이 초미의 관심사였을 때, 지역감정의 한 원인으로 지목되기도 했던 대목이다. 그런데 그 근거 역시 풍수다. 차령 이남의 산세와 지형이 모두 배역(背逆)의 형세, 그러니까 개경 쪽으로 대드는 듯한 모양새여서 경계해야 된다는 것이다.

자손에게 꼭 지키라고 당부한 열 가지 내용 중 네 가지가 풍수와 지덕에 관한 얘기다. 신라가 망한 것도, 고려가 창건

된 것도, 평양을 제2의 수도로 중시해야 하는 것도, 전라도 사람을 등용해선 안 되는 것도 모두 풍수 때문인 것이다.

그런데 여기서 그냥 넘겨서는 안 되는 대목이 있다. 바로 제2훈에 나오는 절과 탑 부분이다. 왕건은 신라가 망한 이유가 무분별하게 지은 절과 탑 때문이며, 그래서 고려에 세워진 절들을 함부로 건드리지 말라고 경고한다. 또 고려의 절터를 정한 인물로 '도선'이란 인물을 직접 거론하고 있다. 도선이 어느 정도의 인물이었기에 왕건이 유훈을 통해 친히 지칭까지 했을까?

도선

도선(道詵)은 신라 말에 활동한 선승(禪僧)이다. 백과사전 등의 공식기록을 보면 15세에 출가해 5년 여 이 산, 저 산을 떠돌다 20세쯤 깨달았는데, 깨달은 곳이 동리산(桐裏山)이라고 되어있다.

동리산은 전남 순천과 곡성 경계에 있는 산인데, 지금은 '봉황의 머리'라는 뜻의 봉두산(鳳頭山)이라는 이름으로 더 많이 불린다. 동리산의 '동(桐)'은 오동나무를 뜻하는데, 봉황이 오동나무에 산다는 전설이 있는 걸 보면 도선이 깨달은 곳은 아마도 봉황의 영기(靈氣)가 서려있었던 모양이다.

도선은 그곳에서 혜철(惠哲)이란 법명을 가진 스님의 '무설설(無說說) 무법법(無法法)' 법문을 듣고 깨달았다 한다. 가르침이라 할 만한 것도, 진리라 할 만한 것도 없고, 나아가 그게 바로 가르침이요, 진리라는 얘기이니 도선의 불교적 성향을 짐작할 만하다.

　도선은 이후 다른 선승들이 그랬던 것처럼 여러 곳을 돌아다닌 것 같다. 운봉산에서 굴을 파고 지내고, 태백산에 움막을 만들어 한 철을 났다는 식의 기록들이 흩어져 있다. 이후 전남 광양 옥룡사(玉龍寺)에 자리 잡고 진리를 전했는데, 각지에서 찾아온 제자들이 넘쳐났다 한다. 그러니까 도선은 봉황의 산에서 깨닫고 용의 산에서 진리를 편 것이다.

　여기에 특이한 경력이 하나 더 추가된다. 바로 풍수지리와의 인연이다. 사람들은 도선이 젊은 시절 당나라로 유학을 가 일행(一行)이라는 승려에게 풍수를 배웠다고 말한다. 일행은 풍수의 대가로, 중국 풍수의 역사에 이름을 올리고 있는 인물이다.

산천에 병이 들어

　일행은 어느 날, 조선의 산수를 그려 달라 했고 도선은 그 자리에서 지도를 그려줬다. 그랬더니 일행은 그 그림 수백 군데에 점을 찍은 뒤 말을 이었다.

"사람에게 병이 생기면 혈맥을 찾아 침도 놓고 뜸질도 해야 병을 고친다. 산천도 마찬가지다. 혈맥을 조화롭게 하지 않으면 태평한 나라가 될 수 없다."

도선은 귀국하자마자 일행이 찍어준 수백 군데의 지점에 절을 세웠다. 그러니까 풍수의 선진국에서 풍수의 전문가를 직접 만나 비기(秘技)를 전수받은 인물이 도선이란 것이다. 어찌 보면 그가 봉황의 산(봉두산)에서 깨닫고 용의 산(옥룡산)에서 가르침을 폈다는 얘기도 풍수와의 깊은 인연을 나타내기 위한 장치인지도 모른다.

그러나 이것은 거짓말이다. 일행이라는 풍수 전문가 겸 승려는 당나라 초기의 인물이고, 9세기 말에 죽은 도선은 당나라 말기의 인물이기 때문이다. 두 사람의 생존 시기는 수백 년의 차이가 난다. 또 도선이 태조 왕건의 출생을 예언했다고 하는데, 이 역시 진위를 확인하기 어려운 얘기다. 도선의 예언 능력과 풍수 능력을 신화화하려는 후대의 욕심으로 봐야 할 것 같다.

사정이 이러니 도선 개인을 조명하는 것보다 도선이 속해 있었던 선승(禪僧)들의 특성을 파악해 보는 게 초창기 우리 풍수의 모습을 살피는 데 더 가까이 가는 일일 것이다.

선승 집단

당나라 선불교가 절정에 달했을 당시, 선불교의 세례를 받은 신라 말의 선승들은 말하자면 당대 최고 엘리트들이었다. 그리고 신흥 정치세력이기도 했다. 천년 왕국의 쇠잔으로 권력의 구심점이 사라진 상황에서 어지러운 세상을 구하겠다는 정치 세력이 우후죽순 태어나고 있었고, 선승들도 자의반 타의반으로 그들 세력과 연결되지 않을 수 없었다.

그런데 천년 신라의 멸망을 염두에 둘 경우, 신라 기득권 세력이 살고 있는 경주를 계속 도읍으로 삼을 수는 없는 일이었다. 각지의 호족 세력들은 저마다의 준거지가 이 땅의 새로운 도읍이 되어야 하는 이유를 천명(天命)에서 찾기 시작했다. 이렇게 천명과 지리가 얽히는 바로 그 지점에서 튀어나오는 게 풍수적 논리다.

그런데 이 지점에서 선승 집단이 중대한 역할을 수행한다. 선승들은 원래 산천을 이리저리 떠도는 행각(行脚)의 관행을 갖고 있다. 이 땅의 지리에 대해 누구보다 잘 알 수밖에 없는 것이다. 게다가 선불교 자체가 신라 왕실과 밀착했던 교종의 권위에 반발하는 한편, 반대쪽에서는 호족들의 사상적 기반이 되고 있었다. 신라 말의 선승들은 풍수를 통해 자신들의 지리적 식견과 변혁의 의지를 한데 엮어낼 수밖에 없는 위치

에 있던 것이다. 도선은 그러한 선승 집단의 아이콘 또는 상
징으로 해석해야 하지 않을까 싶다. 풍수와의 연관 관계가
명확하지도 않은 도선이 태조 왕건의 탄생, 또 훈요십조를 통
해 고려 개국의 정신적 지주로 해석되는 것은 그러한 배경을
가지고 있다.

선승들과 함께 우리나라에 모습을 나타내기 시작한 풍수
는 이렇게 시작부터 정치적이고 거시적인 전략과 맞물린 사
상체계였다. 국가와 정치를 좌지우지하던, 가히 풍수의 전성
기라 할만하다. 심지어 '국역(國域) 풍수'라는 용어가 쓰이기
도 한다. 이 시기의 풍수는 나라의 도읍을 정하는 결정적 이
론이자 명분이었고, 정치적 분쟁을 일으키거나 종결하는 논
리이기도 했다. 풍수의 이 같은 위상은 조선 개국에 이르러
다시 한 번 부각된다.

지기쇠왕설

'지기쇠왕설(地氣衰旺說)'부터 살펴볼 필요가 있겠다. 지기
쇠왕설은 말 그대로 땅의 정기가 시간이 흐름에 따라 강해지
기도 하고 약해지기도 한다는 것이다. 그게 서라벌이든 개경
이든 평양이든 도성들은 저마다의 지기를 갖는다. 하지만 그
게 영원히 지속되지는 못한다.

얼핏 단순한 문제인 것 같지만, 지기쇠왕설은 혁명의 도구가 될 수 있는 강력한 사상체계다. 생각해보라. 한 왕조가 어느 한 명당에서 발흥했는데, 그 명당의 기운이 쇠약해져 간다. 이때 다른 명당의 새롭고도 강력한 기운을 등에 업은 누군가 나타난다. 그가 새로운 왕조를 만들어낼 것이다. 지기쇠왕설은 이렇게 역성혁명의 강력한 근거로 이용될 수 있었다.

묘청의 난(妙淸-亂)을 떠올려 보자. 당시 지기쇠왕설에 따라 개경의 운이 다했다는 얘기가 돌면서 서경(평양)으로의 천도 문제가 수면 위로 떠올랐고, 그게 묘청의 혁명 시도로 연결됐다. 묘청 세력의 시도가 단순히 지기의 쇠왕과 관련된 문제였는지, 북진을 주장하는 진보 세력과 사대의 기반 위에서 안정을 희구하는 보수 세력 간의 다툼이었는지 구분하는 것은 무의미한 일이다. 당시의 이데올로기 상황에서 지기의 쇠왕과 정치적 이념을 따로 떼어내는 것은 불가능한 일이기 때문이다.

조선 왕조 초기, 태조 이성계가 나라 이름보다 신경 썼던 것도 바로 도읍 문제였다. 이성계는 개성의 지기가 이미 쇠약해져 그곳에 도읍을 둔 상태로는 새 나라를 이끌 수 없을 것이라며 심각하게 우려했다고 한다(또는 그렇게 선전했으리라). 그래서 고려라는 국호를 바꾸는 것보다 개성이라는 옛 둥지를 뜨는 일을 급선무로 삼았다.

그럼 지기쇠왕설에 따라 개성을 떠난 태조는 어디로 갔는가? 바로 한양이다. 한양을 새 도읍으로 삼을 때도 정치 풍수, 전략 풍수의 위력은 가감 없이 드러난다.

한양 - 오래된 명당

한양은 조선 개국과 무관하게, 훨씬 앞선 시대에 공인 받은 명당이었다. 경복궁 터를 중심으로 하는 지금의 한양 자리가 명당으로 평가 받고, 도성으로서의 구색을 갖추기 시작한 건 1,000년 전으로 거슬러 올라간다. 풍수적인 내력으로만 보면, 서울은 천년 고도(古都)인 셈이다.

천년 고도의 역사는 고려의 명장 윤관(尹瓘)의 선택으로부터 시작된다. 여진족을 몰아내고 국경을 넓힌 바로 그 윤관 장군이다. 그는 풍수지리의 고수이기도 했다. 서기 1101년, 윤관은 고려 왕 숙종으로부터 남경(南京)으로 삼기에 적당한 장소를 물색하라는 명을 받았다. 한반도 중부 지역의 여러 곳을 돌아본 뒤, 윤관은 지금의 서울 지역으로 범위를 좁힌다.

당시 후보군에는 요즘 행정구역으로 치면 노원과 용산에 해당하는 지역도 물망에 올라 경복궁이 있는 광화문 지역과 경합을 벌였다. 그러나 노원·용산 지역은 산세로 볼 때 도성으로 아주 적합하지는 않다는 게 윤관의 평가였다. 그래서 현재의 경복궁 터가 결론이었다. 그는 대강 이런 요지로 그런 결론을 이끌어냈다.

"삼각산의 북악 남쪽을 보니 산 모양과 물의 흐름이 옛 문헌에 부합합니다. 주산(북악) 줄기에 중심을 정하고, 그 맥에 남향이 되는 쪽으로 도성을 조성해야 합니다."

남경이니 당대의 제1 도읍은 아니었지만, 어쨌거나 서울이 현재의 위용을 갖추게 된 단서를 만들어 낸 건 태조 이성계와 그의 추종자들이 아니라 그보다 300년 전의 사람, 고려무장 윤관이었다.

무학대사 VS 정도전

조선 개국의 시기에 무학(無學) 대사와 정도전(鄭道傳)이 궁궐의 방향, 즉 좌향(坐向)의 문제를 놓고 한판 싸움을 벌인 사실도 풍수적 맥락에서 그냥 지나치기 어렵다.

무학은 인왕산을 주산으로 삼자고 했다. 이렇게 되면 북악과 남산이 각각 청룡과 백호가 되고, 궁궐은 동향이 되어야 자연스럽다. 그러나 정도전은 남향 궁궐을 강력히 주장했다. 예로부터 군주의 방향은 남향이며 예외는 없었다는 것이다.

좌향론의 승자는 정도전이었고, 궁궐은 남향으로 정해졌다.

그러나 무학은 그냥 물러서는 대신 "200년만 지나면 내 판단이 옳았다는 사실을 알게 될 것"이라는 강력한 경고를 남긴다. 물론 그런 어마어마한 주장을 근거도 대지 않고 그냥 했을 리는 없다. 신라의 고승 의상대사가 지었다는 『산수비기(山水秘記)』의 내용을 인용했다.

이 『산수비기』란 책에는 수백 년 후의 일을 미리 보기라도 한 듯, 수도를 정할 때 스님 말을 믿으면 국운을 길게 가져갈 수 있지만, 정(鄭) 씨 성을 가진 자가 나타나 시비를 논하면 문제가 복잡해진다는 예언이 적혀있다. 어떻게 복잡해지는지 그 내용도 아주 구체적이다. 5대를 못 넘기고 나라가 왕위 찬탈을 둘러싼 싸움에 휘말리고, 200년이 지나면 대란이 일어날 것이란 얘기였다.

조선의 3대 왕인 태종이 정치적으로 대립하던 형제들과 골육상쟁을 벌여야 했던 일이 '왕위 찬탈'의 건(件)이라면, 200년 후 '대란'은 바로 임진왜란일 것이다. 사실 예언의 내용이 너무 구체적이고 정확하긴 하다. 『산수비기』는 왜란 이후 만들어진 위서(僞書)일 가능성이 농후하다.

실제로 『조선왕조실록』 같은 정사(正史)에는 이런 얘기가 없다. 궁궐의 방향도 고려시대에 조성된 옛터 자체가 남향이었다 한다. '실록'에 따르면, 무학의 경우도 태조가 한양 천도에 대한 의견을 물었을 때 '찬성' 의견을 낸 정도에 불과하다.

그렇다고 꼭 정사만 믿을 것인가? 조선 초 무학과 정도전의 대립이 아니었더라도, 궁궐의 좌향을 둘러싼 풍수적 대립이 중요한 정치 이슈로 떠올랐던 시기가 있었다고 추측하는 게 도리에 맞을 것이다.

단맥 – 정치 풍수의 추억

초창기 풍수가 변혁의 강력한 원리였던 만큼 조선의 정치 체제가 안정화되어 갈수록 그 역할은 약화될 수밖에 없었다. 세종의 시기, 경복궁 터에 대한 논쟁이 벌어졌을 때 풍수가 논쟁의 강력한 근거로 등장하기도 했지만, 풍수는 이미 시대의 주류가 아니었다. 풍수는 자신의 입지를 대폭 줄여 나가며 음택 선정의 도구로 '전락'하고 말았다.

하지만 그렇다고 국운이나 정치와 관련된 풍수의 신화가 쉽게 사라질 리는 없다. 고도의 현실 정치 수단으로서의 풍수는 힘을 잃었지만, 거대 풍수에 대한 추억은 사람들의 뇌리 속에 여전히 각인된 상태로 다양한 이야기들을 탄생시켰다.

예컨대 『택리지』의 경상도 편을 보면 상주 남쪽 선산 지역의 산수를 논하는 부분에서 단맥(斷脈)에 관한 흥미로운 이야기가 등장한다.

임진년에 명나라 군사가 이곳을 지나가는데 술사(術士)가 외국에 인재 많은 것을 꺼려한 나머지 병사들을 시켜 고을 뒤편 산줄기를 끊고 숯불을 피워서 뜸질하게 했다. 또 큰 쇠못을 박아서 땅의 정기를 눌렀는데 그후로는 인재가 쇠해 나지 않았다.

작자 미상이긴 하지만 『임진록(壬辰錄)』이라는 고대 소설에도 비슷한 이야기가 등장한다. 이번엔 좀 더 구체적으로 조선을 도우러 왔다는 명나라 장군 이여송(李如松)의 만행(?)을 적시한다. 이여송은 조선을 둘러보다 그 풍수에 감탄했는데, 감탄한 만큼 조선의 산수를 그대로 두는 것은 조선에 위협이 된다고 생각했다. 그래서 명당이라고 생각되는 곳의 지맥을 일일이 찾아다니며 모두 끊어버렸다는 얘기다. 이 소설은 태백산 신동이 나타나 이여송을 응징하는 것으로 스토리를 마무리한다.

백운대 쇠말뚝 해프닝

조선 중기 이후 산발적으로 전해 내려오는 단맥에 관한 이야기들은 국운과 정치를 이야기하던 거대 풍수의 한 흔적으로 볼 수 있을 것이다. 그리고 그 신화적 사고는 비교적 최근까지도 이어졌다.

그런 신화적 사고와 관련해 대표적이면서 동시에 엽기적이기도 했던 사건이 백운대 쇠말뚝 발견에 얽힌 에피소드다. 백운대는 서울의 수호산이라 할 수 있는 북한산의 대표적 암반 봉우리다. 논란의 여지에도 불구하고 백운대의 쇠말뚝은 한동안 단맥의 강력한 증거로 간주됐는데, 그것은 지난 1985년 쇠말뚝이 모습을 드러내면서부터다.

그해 3월의 어느 날, 한 산악회가 북한산 백운대 정상에서 길이 45센티미터의 쇠말뚝 22개를 빼냈다. 일군의 연구자도 포함된 산악회 측은 그 쇠말뚝이 족히 지름 2센티미터는 되는 흉측한 물건으로 일제가 단맥을 위해 박아 놓은 것이 분명하다고 주장했다. 기록이 남아있지 않으니 그 쇠못들이 한반도의 정기를 끊을 목적으로 일제에 의해 설치된 것이라고 무조건 주장할 수는 없었다. 그러나 딱히 문서 자료는 아닐지언정 무슨 사건이 터지면 방증이라도 될 만한 그 무엇인가가 어떤 식으로든 나오고 마는 게 세상 돌아가는 방식이다.

쇠말뚝이 일반에 공개되고 얼마 안 있어 일본인들이 백운대에 쇠말뚝을 박는 장면을 목격했다는 80세의 할머니가 등장했다. 또 장소는 다르지만 일제 강점기였던 1943년에 개성에서 직접 쇠말뚝을 박는 작업에 참여했다는 전직 경찰까지 나왔다. 물론 단맥 용도로 말이다. 이쯤 되면 문서 자료 없이도 백운대 쇠말뚝은 일본이 박아 넣은 단맥의 장치가 된다.

이런 과정을 거쳐 백운대 쇠말뚝은 한때 독립기념관에 전시되기도 했다. 쇠말뚝을 뽑은 산악회 명의의 해설이 덧붙여져 있기도 했다. 영웅적 인물이 명산의 정기를 받아 태어난다고 믿는 우리나라의 민간신앙에 주목해 일제가 계룡산, 북한산 등 전국 명산의 정상에 쇠말뚝을 박고 다녔다는 얘기다.

그러나 백운대 쇠말뚝이 단맥의 용도가 아닌 측량 용도였다는 설은 사라지지 않았고, 그 때문인지는 몰라도 독립기념관 전시실의 쇠말뚝은 슬그머니 자취를 감췄다.

정감록, 그 프로파간다

권력, 정치와 결부된 풍수를 얘기할 때 빼놓을 수 없는 게 프로파간다(propaganda, 정치 선전 또는 선동)의 문제다. 여기서 『정감록(鄭鑑錄)』 얘기를 하고 넘어가야겠다.

『정감록』은 한 권의 책이 아니다. 편집본에 따라 다를 수 있지만, 대개 첫머리에 등장하는 '감결(鑑訣)'에 그 이름만으로는 내용을 쉽게 짐작할 수 없는 '동국역대기수본궁음양결(東國歷代氣數本宮陰陽訣)' '역대왕도본궁수(歷代王都本宮數)' 등 다양한 비기(秘記)를 한데 모아 부르는 말이다. 그렇긴 해도 좁은 뜻의 『정감록』을 말할 때는 그중 '감결' 하나만을 지칭하는 것으로 보면 된다.

그런데 '감결'은 전형적인 풍수서로 봐도 무방할 정도다. '감결'은 금강산에 오른 인물 세 명의 대화로 시작되는데 그 대화의 본질은 풍수다. 그들은 천지가 음양의 기운에서 비롯한다는 점을 명확히 한 후, '기이하고도 절승한 산수(山水)의 법'을 강조하면서 이야기를 풀어나간다. 이때 '기이하고도 절승한 산수의 법'이 풍수 아니고 무엇이겠는가? 이어지는 얘기도 정통 풍수서들과 맥을 같이 한다. 곤륜산의 내맥(來脈)을 언급하고, 그 원기가 백두산을 거쳐 평양으로 이어진다는 내용을 전하고 있다.

이어 언급하는 것이 바로 '지기쇠왕설'이다. 천년을 이어 지속됐던 평양의 운수는 송악으로 향한다. 그러나 송악의 지기도 쇠하고, 다시 그 기운은 한양으로 향한다. 한양 역시 지기의 쇠락으로부터 자유로울 수 없다. 이때 계룡산이 등장한다. 금강산에서 태백·소백산을 거쳐 내려오던 산천의 기운이 계룡산에 뭉쳐 있다는 게 '감결'의 설명이다. 바로 그 곳이 정(鄭) 씨가 800년 도읍을 이어갈 땅이다.

이 지점에서 『정감록』은 프로파간다로서의 모습을 숨김없이 드러낸다. 이 씨 정권과 그 정권의 중심지를 바꾸어야 세상 사람들이 살기 편하다는 것이다. 한마디로 조선은 망할 때가 됐다는 얘기다. 얼마나 많은 혁명과 개혁의 세력들이 조선 시대에 『정감록』을 자신들의 사상적 기반으로 삼았던가!

세월을 뛰어넘어 일제가 세운 조선총독부 건물도 이와 같이 프로파간다의 일환으로 파악하는 풍수사들이 있다. 일본이 우리나라를 강점하고 있을 때, 경복궁 일부를 헐고 지은 것이 조선총독부 건물이다. 대부분의 사람들이 일본이 조선총독부를 경복궁 앞에 세운 것은 기맥을 끊기 위한 것이었다고 설명한다.

그러나 한양 중심부의 풍수를 작정하고 세밀하게 들여다보면 기맥을 끊어낼 수 있는 자리는 경복궁의 주산인 북악산과 근정전 사이가 된다는 게 정설이다. 그리고 그 지점을 일본이 몰랐을 리 없다는 게 일부 풍수 전문가들의 의견이다. 일본이 왕권과 국권의 상징인 근정전 앞에 총독부를 세운 것은, 그러니까 기맥을 끊는 것보다 메시지를 중시한 행위였다는 것이다. 일본인들은 이제 조선이란 나라는 경복궁과 함께 사라졌다는 정치 선전을 하고 싶었던 것이다.

당 왕조의 가짜 풍수서 유포

이데올로기 또는 정치 메시지로서의 풍수 얘기를 마감하기 전에 빼놓고 가기에는 아까운 소재가 하나 있다. 중요하다기보다 재미 때문에 아까운 그런 얘기다. 풍수를 얘기하면서 끊임없이 언급되는 그 유명한 책, 곽박의 『장서』에 관한 것이다. 『금낭경』이라고도 불리고, 한 차원 높여 '장경(葬經)'으로 경전 취급을 받기도 했던 책이다. 그런데 지금까지 전해 오는 이 풍수 고전의 내용이 사실은 엉망진창이고, 게다가 누군가의 고의로 엉망진창이 됐다는 것이다.

신라 도선 스님에게 풍수를 전해준 이로 거론되고 있는 당나라 일행 선사에 얽힌 에피소드이기도 하다. 일행 선사는 풍수에 뛰어난 스님으로 송나라 『고승전(高僧傳)』에 비교적 구체적인 전기가 실려 있는 실제 인물이기도 하다. 그런데 당 황제 현종은 언젠가 일행을 불러 이런 주문을 했다는 것이다.

"풍수로 인해 명당이 알려지고, 누군가 그곳에 묘지를 세워 황제가 될 자가 태어나면 당 왕조의 멸망을 초래할 수 있다. 그러니 '장경'과 같은 풍수서는 모조리 없애라!"

현종 입장에서 장경과 같은 비기는 애물단지였을 것이다. 자신만 볼 수 있을 때는 그런 보물이 없지만, 다른 사람의 수중에 들어간다면 치명적이고 위협적인 무기가 될 수 있는 것이다. 누군가 이 책에 적힌 대로의 명당을 찾아 그곳의 기를 충만히 흡수한다면, 그 인물이 황제의 권력을 위협할 수 있다고 생각하는 게 당연하다. 그렇게 장경의 존재에서 위협을

느낀 현종은 이 책을 없애기로 했다. 그런데 '없앤' 방식이 절묘하다.

책이란 게 없애겠다고 해서 죄다 없어지던가? 설령 모든 책을 불사른다 해도 그 책에 담긴 사상은 어떤 식으로든 후세에 전파되기 마련이다. 한 권도 남김없이 불사르는 게 현실적으로 가능하지도 않다.

그래서 현종과 일행은 장경을 태워 없애는 대신 '가짜 장경'을 만들어냈다(혹은 그랬다는 설이 있다). 여기저기서 수준 떨어지는 풍수서의 내용들을 모으고, 거기에 거짓 정보를 조합해 가짜 풍수서를 만든 후, 그것을 풍수의 정통 지침인 양 유포시켰다는 것이다. 가짜 장경을 보고 가짜 명당을 고르게 하겠다는 것이다.

오랫동안 또 현실적으로 거의 유일하게 풍수 이론의 전거가 되고 있는 '장경'이 아예 가짜일 수도 있다는 얘기다. 더욱이 '장경'이란 명칭은 풍수의 또 다른 고전인 『청오경』의 별칭이기도 하다. 『금낭경』이고 『청오경』이고 간에 모두 거짓 정보와 이론을 담은 가짜 풍수서일 수 있다는 얘기다. 그럼 두 고전의 맥을 이은 현대의 풍수 이론도 죄다 가짜다. 물론 현종이 정말로 가짜 책을 만들어냈을 경우에 말이다.

무덤의 비밀

이제 말도 많고 탈도 많은 묏자리 풍수, 즉 음택 풍수와
맞닥뜨릴 차례다. 음택 풍수란 무엇인가? 명당자리에 부모의
유해를 묻으면 그 유해에 스며든 상서로운 생기(生氣)로 말미
암아 자손들이 복을 받게 된다는 믿음이요, 동시에 그런 명
당을 찾는 기법이다.

생기는 지표에서 깊지 않은 땅 속을, 마치 혈액이 사람 몸
의 혈관을 흘러 다니는 것처럼 돌아다닌다. 그런데 이 생기
는 특정한 모습의 지형을 갖춘 곳을 지날 때 그 아래 집중적
으로 머물게 된다. 이때 생기가 머물고 있는 곳을 잘 찾아내
그 위에 집이나 무덤을 세우면 생기의 영향으로 그 집에 사
는 사람이나 무덤에 묻힌 사람의 후손이 복을 받게 되는 것

이다. 집이면 양택의 영역인 것이요, 무덤이면 음택의 영역이
되는 것이다.

뼈에 대한 집착

사정이 이러하다 보니, 마음먹기에 따라 풍수, 특히 음택의
풍수는 사람들을 게으르게 할 소지도 있다. 누구나 생을 풍
요롭게 만들기 위해 좌충우돌, 전력 질주한다. 그러나 중요한
것은 내 노력이 아니다. 기운 좋은 곳에 묻힌 부모님이 좋은
기를 받으면 그것으로 나의 행복이 보장된다는 것이니……

엄청난 유혹의 말을 믿고 수백 년 동안 수많은 사람들이
좋은 무덤 자리를 찾아 헤매고 또 헤맸다. 요즘도 다르지 않
다. 국회의원 선거나 대통령 선거만 되면 후보자들의 조상
묘 이장 얘기가 쏟아져 나오는 게 현실이다.

잠깐 풍수의 본고장이라 할 수 있는 옛날의 중국 얘기를
해보자. 명나라의 법률은 묘 발굴을 명문으로 금지하고 있었
다고 한다. 그런데 정작 법 조항이 금지하고자 했던 건 도굴
이 아니었다.

음택 풍수에서 중요한 것 중 하나가 조상 뼈의 상태다. 뼈
의 상태가 좋아야 좋은 기를 잘 흡수하고, 그래야 후손들이
복을 받을 수 있기 때문이다. 중국 사람들은 색깔로 뼈의 상

태를 파악했다. 매장된 뼈가 시간이 흐른 뒤 황색으로 변하면 괜찮지만, 흑색으로 변하면 안 좋은 일이 생길 것이라 여겼다. 흑색은 땅속을 흐르는 기가 좋지 않다는 증거였다. 문제는 사람들이 뼈의 변색 상태를 확인하기 위해 부모의 묘를 수시로 파낸다는 것이었다. 그러다 보니 무덤을 건드리는 일을 법으로까지 금지한 것이다.

조선의 경우라고 다를 바 없었다. 조선의 소송이나 범죄 기록을 보면 무덤 자리를 둘러싼 갈등이 압도적으로 많다. 권력을 이용해 다른 이의 멀쩡한 조상 무덤을 탐하는 자들이 수두룩했고, 조금이라도 나은 묫자리를 잡겠다고 부모의 묘를 두세 번씩 이장하는 경우도 비일비재했다.

동기감응

이러한 경향은 효를 중시하는 조선 유학의 경향과 맞물려 식을 줄 몰랐다. 물론 돌아간 조상의 유해를 햇빛 잘 드는 곳에 모시려는 순수한 마음을 가진 후손들도 있다. 그러나 부모 무덤이 좋아야 자신이 복을 받는다는 풍수의 속설에 마음이 기운 이들도 많았을 것이다. 이런 이들은 사회 분위기를 핑계 삼아, 개인 발복에 대한 이기적 욕구를 유교의 효 사상 뒤로 어렵지 않게 숨길 수 있었다.

그런데 생각해봐야 할 문제가 있다. 조상의 유해를 좋은 기운이 흐르는 곳에 묻어 잘 관리하는 것은 물론 좋은 일이다. 조상들이 세상을 뜬 후에도 편안한 상태로 계시길 바라는 것은 조선의 유교적 세계관에서 당연한 일이다. 그러나 좋은 묏자리에 놓인 조상의 유해가 흡수한 좋은 기운은 도대체 어떻게 후손의 복으로 연결되는가?

생기를 머금은 곳에 집터를 잡은 사람들에게 복이 생기는 것은 그렇다 치자. 현대과학의 눈으로야 어떨지 모르지만, 좋은 집에 살면서 좋은 기운을 매일 받는 사람에게 좋은 일이 생긴다는 것은 동양적 맥락에서 전혀 이상할 게 없다. 그러나 무덤에 묻힌 조상이 빨아들인 생기가 어떻게 후손에게까지 영향을 미치는가?

여기서 바로 그 유명한 '동기감응(同氣感應)'의 문제가 등장한다. 조상들이 좋은 기를 받는 순간, 후손들에게도 그 기운이 즉각적으로 영향을 준다는 게 동기감응론이다. 조상과 후손들은 같은 기운을 가지고 있기 때문에(同氣), 하나의 자극에 실시간으로 함께 반응(感應)한다는 얘기인데, 이게 도대체 가능한 얘기일까? 동기감응은 최근 수백 년 동안 풍수에 찬사와 비난을 함께 가져다 준 음택 풍수의 근거인 동시에 무덤 속의 숨은 비밀이기도 하다.

구리 광산 이야기

중국 산시성(陝西省) 시안시(西安市) 교외에 이제는 비석으로만 남은 궁전 터가 있다. '미앙궁(未央宮)'이라는 궁전인데 한고조, 그러니까 항우와 천하를 다툰 끝에 황제가 된 유방의 집권 초기에 만들어진 궁전이다.

처음에는 유방도 이 궁전을 내켜하지 않았다. 유방이 막 황제가 됐을 때 재상인 소하(蕭何)가 이 궁전 건축을 추진했는데, 유방으로서는 시기 자체가 마뜩치 않았던 것이다. 천하가 완전히 안정되기도 전인데, 그렇게 호화스러운 궁전이 꼭 필요하겠느냐는 얘기였다.

그러나 그렇게 싫은 내색을 하더라도 자신의 권위를 높이는 일을 내심 즐기는 게 권력자들이다. 유방의 허락 아래 마침내 거대한 미앙궁이 완공됐다. 그리고 미앙궁에는 거대한 종 하나가 설치됐다. 종이야말로 보이지 않는 하늘의 뜻을 소리로 들려주는 신령스러운 도구로 통했기 때문이다. 그러고 보면 구리와 동으로 만들어진 종이지만, '징~'하고 울리는 소리는 자연에서 전거를 찾기 어려운 천상의 소리인 것 같기도 하다.

어쨌든 세월이 지나 아마도 한 무제 때의 일로 추정들 하는데, 어느 날 미앙궁의 종에서 은은한 소리가 울려 퍼졌다.

누가 쳤다고 보기에는 너무나 조용한 소리인지라 사람을 시켜 알아보니 역시 종을 친 사람은 없다. 신물(神物)이 스스로 소리를 낸 것이다. 흉한 징조일까, 길한 징조일까?

황제는 삼천갑자를 산 것으로 유명한 현인 동방삭(東方朔)을 불러 연유를 물었다. 그러자 동방삭은 전혀 예상 밖의 답변을 내놓는다.

"어디에선가 구리광산이 무너졌을 것입니다."

웬 황당한 답변인가! 그러나 황제의 지시로 나라 안의 구리광산을 수소문했더니 촉(蜀) 지방의 구리광산 한 곳이 무너졌다는 사실을 확인할 수 있었다. 그것도 미앙궁의 종이 은은한 소리를 낸 바로 그 시간에 말이다. 놀란 황제는 다시 동방삭을 불러 광산의 붕괴를 어찌 알았는지 묻는다. 그러자 이번에도 기상천외한 답변이 돌아온다.

"종을 만드는 데 쓰인 구리가 무너진 광산에서 나왔습니다. 기가 감응하는 것은 사람이 부모에게서 몸을 받는 것과 같습니다."

황제가 맞장구를 친다.

"물체의 감응함이 이와 같은데, 하물며 사람이나 귀신에게 있어서랴!"

밤나무의 비유

풍수의 고전 『금낭경』에 소개되고 있는 에피소드다. 종과 구리광산의 에피소드를 소개하며 『금낭경』의 저자 곽박은 이후 1,000년 넘게 음택 풍수의 금과옥조 역할을 해온 '동기 감응'의 논지를 역설한다.

> 구리광산이 무너지자 그 광산에서 나온 구리로 만든 종 이 스스로 운 것은, 마치 돌아가신 부모의 유해가 같은 기 운(同氣)을 가진 자식에게 복을 입히는 것과 같은 것이다. 이 모두가 자연의 이치다.

지기는 산세를 따라 땅속을 흐른다. 땅 위에 살면서 생기를 받는 산 사람보다 땅에 묻힌 유골이 받는 생기가 더 강할 수밖에 없다. 이렇게 직접적으로 받아들인 생기의 영향이 그의 후손에게까지 실시간으로 이어진다는 게 동기감응설의 요지다.

피를 나눈 육친이 감응한다 해서 '친자감응(親子感應)'이라 부르기도 한다. 음택 풍수, 즉 묏자리 풍수의 논리적 근거를 자임하며 역사적으로 수많은 논쟁을 불러 일으킨 동기감응 설은 이렇게 등장했다.

종과 구리광산의 감응 이야기처럼 드라마틱하지는 않지만, 동기감응을 뒷받침하는 사례(또는 비유)로 오랫동안 회자된 에피소드 하나를 더 소개하고 넘어가야겠다. 밤나무에 얽힌 이야기인데, 논지가 약할 때 방어막이 되어주는 드라마적 성격이 약하다 보니 음택 풍수를 비난하는 이들에게 상당히 공격을 당한 에피소드이기도 하다.

요약하자면, 봄이 찾아와 바깥 식물에 싹이 돋기 시작하면 방안에 홀로 떨어져 있는 밤톨에도 싹이 튼다는 얘기다. 한 농부가 가을에 밤을 따다가 집에 보관해 둔다. 봄이 오고 밖에 있는 밤나무에 꽃이 피기 시작한다. 바로 그 시점, 몇 달 째 집에 격리되어 자신이 원래 달려 있던 밤나무와는 직접적으로는 무관한 지 오래인 밤톨에도 싹이 튼다는 것이다. 산자락의 나무와 집안의 열매가 서로 감응하는 데서 포착한 동기감응의 한 근거였다.

동기감응의 현대적 근거?

동기감응이 전근대적인 미신의 판정을 받을 경우, 동기감응의 논리에 전적으로 의지한 음택 풍수 역시 그저 구태의연한 흥밋거리로 전락할 가능성이 있다. 합리적이지 않았던 한 시대를 그야말로 운 좋게 풍미한 해프닝이 되고 마는 것이다.

조상의 유해에 스며든 좋은 기운이 후손들에게 직접 전달되지 않는다면 묏자리를 매개로 한 후손의 발복은 그야말로 낭설일 뿐이다.

그런데 동기감응을 증명한다는 전통풍수의 '구리광산 – 종공명'은 현대 물리학에서도 어느 정도 근거를 찾아볼 수 있다. 동기감응을 직접적으로 증명하는 연구는 아니지만, 적어도 동기감응의 진위에 관한 판단을 열린 상태로 놓아 둘 수 있게 해준다.

저널리스트 빌 브라이슨(William McGuire Bryson)은 『거의 모든 것의 역사』를 통해, 지구 위에서 벌어지고 있는 물리·화학·생물 현상을 쉽게 해설해주는데, 그중 부분 발췌다.

아(亞)원자 입자들 중에서 어떤 짝들은 상당히 멀리 떨어져 있더라도 상대방이 무엇을 하고 있는지 즉시 "알아차린다"는 것이다. 입자들은 '스핀'이라고 하는 성질을 가지고 있는데, 양자론에 따르면 한 입자의 스핀이 결정되는 순간에 그와 짝을 이루고 있는 다른 입자는 아무리 멀리 떨어져 있더라도 순식간에 반대의 스핀을 가지게 된다.

과학 저술가 로렌스 조지프(Lawrence E. Joseph)의 말에 따르면, 오하이오에 있는 당구공을 한쪽 방향으로 회전시키면, 멀리 피지에 있는 똑같은 당구공이 반대 방향으로 똑같은 속도로 돌게 된다는 것과도 같다. 놀랍게도 그런 사실은 1997년에 제네바 대학의 물리학자들이 서로 반대 방향으로 약 12킬로미터를 쏘아 보낸 광자 중에서 어느 하나를 건드리면 다른 광자도 순간적으로 반응한다는 사실을 밝혀냄으로써 증명되었다.

— 빌 브라이슨, 『거의 모든 것의 역사』, p.160.

첫머리부터 '아원자'라는 생소한 말이 등장해 곤혹스럽지만 겁먹을 필요는 없다. '아원자'는 '서브아토믹 파티클(subatomic particle)'의 번역으로 원자보다 작은 입자 또는 원자를 구성하는 입자를 말한다. 그러니까 전자, 양성자, 중성자 같은 것들이다.

미립자들의 기이한 반응

그런데 이 작은 입자들의 운동 중에는 일상에서는 이해하기 어려운 상황들이 있다는 것이다. 작은 입자 하나가 회전(스핀)하면 그 입자와 엄청나게 멀리 떨어져 있는 거리의 다른 입자가 동시에 반대로 회전한다. 이 같은 현상은 빌 브라이슨이 친절하게 인용한 것처럼 미국 오하이오 어느 지점에 있는 당구공과 피지 섬에 있는 당구공이 동시에 반대방향으로 회전하는 상황을 생각하면 그 모양새를 이해할 수 있다.

빛의 입자인 광자(光子)의 운동에 대한 브라이슨의 인용도 마찬가지다. 광자를 쪼개고 나서 쪼개진 입자를 정반대 방향으로 각각 보내놓을 경우, 두 입자 사이의 거리가 아무리 멀어도 서로 반응을 보인다는 것이다. 한 입자가 시계방향으로 돌면, 다른 입자는 시계 반대방향으로 돈다.

그런데 이러한 기현상에 대해 현대 물리학자들도 제대로 된 설명을 내놓지 못한다고 한다. 이런 현상을 '얽힘 현상'이라고도 부르는 모양인데, '얽힘 현상'에 대해 "왜?"냐고 물으면 물리학자들도 "원래 그렇다"고 밖에는 답하지 못한다는 것이다.

'동기감응'에 대한 설명도 어쩌면 궁극적으로 "원래 그렇다"가 될지 모른다. 그러나 미립자의 기이한 움직임에 대해 '과학적'인 설명을 하지 못한다고 현대물리학을 비난하지는 않는 것처럼, 동기감응의 주장 역시 과학적이지 못하다고 비난받아서는 안 될 것이다. 어떤 경우든 증거의 부재가 부재의 증거가 되지는 않기 때문이다. 동기감응의 증거가 없다고, 동기감응 자체가 존재하지 않는 것으로 말하면 안 된다는 얘기다. 아울러 현대 물리학 아닌 동기감응에만 비난이 가해진다면 그것은 정치적으로 올바르지 못한 일이다.

실학자들의 비판

증명의 문제는 그렇다 치고, 음택 풍수가 여전히 개인의 발복을 바라는 '이기적 풍수'라는 점을 그냥 두고 넘어갈 수는 없다. 국토의 재편을 통해 그야말로 대승(大乘)적 견지의 효용을 창출하려던 전통 풍수를 기준으로 보자면, 빗나가도 한참을 빗나갔다고 봐야 한다.

이런 상황을 실증적이고 합리적이던 조선 후기의 실학자들이 그냥 보아 넘길 리 없었다. 실학자들은 동기감응을 포함한 당시의 묏자리 풍수 관행에 대해 융단 폭격에 가까운 공격을 감행한다. 그중에는 실학자들답게 대단히 실증적인 공격도 있었다. 예를 들면 이런 것이다.

전주에 가면 옛날 태조 이성계의 초상화를 모셔 두던 경기전(慶基殿)이란 곳이 있다. 경기전 사방으로는 그리 높지 않은 산이 여럿 있는데, 이곳이 명당이었는지 전주 사람들은 이 산을 무덤으로 가득 채우고 있었다. 그런데 전주에 부임한 관리 한 명이 무덤이 많아도 너무 많다는 생각에 조정의 허락을 받고 이장을 추진했다. 이 관리는 호기심이 많은 사람이었던지 무덤의 위치와 관리 상태, 자손의 번영 여부를 일일이 조사하게 했다. 동기감응이 진짜 있는지 없는지를 확인해본 것이다.

그러나 동기감응을 증명할만한 상관관계가 나타나지 않았다. 부유하게 사는 사람의 조상 묘라고 특별히 풍수적 장점을 가지고 있지 않았다. 또 고단하고 빈한하게 사는 사람이라 해서 그 조상의 무덤이 풍수의 측면에서 특별히 흉한 것도 아니었다. 실학자 이익(李瀷)이 『성호사설(星湖僿說)』을 통해 소개하고 있는 내용이다.

이러한 반(反)풍수의 분위기는 당시 실학자들에게 예외가 없었다. 홍대용 같은 이도 다양한 사례를 들어 동기감응론을 반박한다. 예컨대 중형을 당한 죄수가 감옥에 갇혀 있다 하자. 이 죄수는 감옥에서 견딜 수 없는 고통을 겪고 있다. 그런데 그에겐 아들이 있고, 아들이니 당연히 아버지와 같은 기운(同氣)일 것이다. 그러나 아버지가 감옥에서 고통을 겪는다고, 같은 시점에 아들도 병을 얻게 되느냐(感應) 하는 게 홍대용의 논지였다. 다소 무리가 느껴지는 반론이긴 하지만, 당시 실학자들의 분위기를 미루어 짐작할 만하다.

'음택'이라는 패착

또 다른 실학자인 박제가(朴齊家) 역시 『북학의(北學議)』에서 "오래 살고 일찍 죽음, 팔자의 궁하고 좋음, 집안의 흥망, 살림의 가난과 부유는 하늘의 이치이고 사람의 마음에 관계된 것이지, 장지(葬地)의 길흉(吉凶)에 관련시켜 논할 바는 아니다"라고 말했다.

조선 중기 이후 풍수의 주류를 형성한 음택의 경향은 그러니까, 확실히 패착(敗着)이었다고 고백할 수밖에 없다. 실학자들의 집중적이고 잇단 비난이 아니었더라도 음택의 풍수는 얼마 후 시작되는 근대의 거센 물결을 견뎌내기 어려웠을 것이다.

물론 아직까지 음택 풍수에 대한 주술적 의존이 남아 있는 게 사실이다. 그러나 화장(火葬)이 장례의 대세로 굳어가는 이상 그러한 의존은 불가피하게, 그리고 조만간 사라질 수밖에 없을 것이다.

매장 풍습이야말로 음택 풍수를 가능케 하는 기본적이고 강력한 파트너다. 땅에 묻힌 채 지기를 흡수할 유해가 없는데, 음택이니 동기감응이니 하는 것들이 무슨 수로 살아남겠는가? 음택을 통해 새로운 영역을 개척했던 풍수는 바로 그 음택으로 인해 난관에 봉착한다.

경관을 텍스트로 보다

  정치적 풍수에서 음택 풍수로의 변신, 음택 풍수에 대한
조선 후기의 거센 비판……. 이런 부침 속에서도 소위 '형국
론(形國論)'이라 하는 풍수의 한 지류는 민중들의 마음속에
천천히 그러나 강하게 뿌리를 내려간다. 그것은 어쩌면 풍수
의 근본에 맥(脈)을 대는 입장인지도 모른다.

  풍수는 땅이 간직한 좋은 기운을 찾아내 그 기운을 인간
생활로 끌어내려는 작업이다. 그러나 그 기운은 쉽게 눈에
띄지 않는다. 산천에 대한 오랜 궁구(窮究)와 직관이 없으면
포착할 수 없는 기운이다. 그러니 극소수의 능력자가 포착해
낸 기운을 공유할 방법을 찾아내야 했다.

사람들은 산천의 형국에 이름을 붙이기 시작했다. 눈으로 볼 수 없는 지기와 지기가 뭉친 혈이 빚어낸 형상을 몇 가지 기준에 맞춰 카테고리화한 것이다. 풍수의 전통에서 '형국론'이라 부르는 분야인데, 그 형국은 동물·사람·물질·식물·문자 모양으로 다양하다. 산천에 이름이 붙고, 의미가 녹아들면서 경관은 이야기가 듬뿍 담긴 텍스트가 된다.

떠나가는 배

희대의 장사꾼 혹은 사기꾼으로 분류되는 봉이 김선달이 기상천외한 방법으로 팔아먹은 것은 대동강 물이었다. 김선달은 누구나 퍼갈 수 있는 대동강 물을 돈을 줘야 살 수 있는 것처럼 꾸며 외지 상인들로부터 엄청난 돈을 벌어들였다.

발상의 파격이라든지, 상인으로서의 윤리라든지 이런 문제는 제쳐두고 한번 생각해 보자. 하필이면 왜 대동강 물이었을까? 다른 지역에도 큰 강은 많다. 한강에서 시작해 섬진강, 금강, 낙동강, 영산강까지……. 유독 대동강이 장사의 대상으로 지목되어 소재로 쓰인 데는 그럴만한 이유가 있지 않을까? 뉴질랜드에서 문화지리학을 가르치는 윤홍기 교수는 『땅의 마음』이라는 책에서 재미있는 해설을 시도한다.

강에 대한 평양 사람들의 의존도는 다른 지역에 비해 매우 컸는데 그것은 평양 사람들이 우물을 파지 않았기 때문이다. 우물을 파지 않으니 생활용수로서 대동강의 가치가 다른 강에 비해 압도적으로 클 수밖에 없었다. 그러니 대동강이 이야기의 소재로 등장할 개연성도 그만큼 컸다.

그런데 왜 우물을 파지 않았을까? 수맥을 찾아내기 어려워서? 풍수가 만들어낸 금기가 원인이었다. 예로부터 풍수사들은 평양의 지세(地勢)에서 떠나가는 배 즉, 행주(行舟)의 형국을 봤다. 물건을 가득 실은 배가 장사를 위해 막 항구를 떠나가는 상황이다.

그런 지세에 누가 함부로 우물을 파겠는가? 우물을 파는 것은 배 밑바닥에 구멍을 뚫는 행위다. 극단적인 자해 행위인 것이다. 이중환의 『택리지』에는 행주형 마을에서 우물이 발견될 경우, 그 우물을 매립해버렸다는 얘기까지 나올 정도다.

경주를 침몰시켜라

평양 주민들은 그런 이유로 우물을 파는 대신 대동강 물을 길어다 먹었다. 대동강 물을 활용한 봉이 김선달의 대형 사기행각이 튀어나올 수 있었던 것도 평양의 '떠나가는 배' 형국 때문이었다.

물론 평양만 떠나가는 배일 리 없다. 경주 역시 신라의 천년 고도답게 다양한 형국 명칭을 가지고 있었는데, 물론 그 중에는 행주형도 포함되어 있다. 그런데 떠나가는 배는 물건과 함께 그 물건을 관리할 사람들도 가득 태우기 마련이다. 떠나가는 배는 재화와 인재를 가득 싣고 있는 공간이요, 따라서 그런 형국의 마을은 많은 재화와 인재를 길러낼 수 있는 명당으로 평가받는다. 소위 산세 좋다고 하는 지역들이 '행주형'을 표방하는 이유다.

이처럼 또 다른 행주형 명당인 경주에서도 당연히 우물 파는 일은 기피 대상일 수밖에 없었다. 그런데 지금으로부터 천 년 전, 행주형 도시 경주 이곳저곳에 우물을 파라고 지시한 인물이 있었으니, 그가 바로 풍수의 절대 신봉자였던 태조 왕건이었다는 설이 있다.

왕건은 고려 개국 직후, 지금도 남아 있는 봉황대(鳳凰臺)라는 구조물을 경주에 만들게 했다. 그리고 그 봉황이 먹을 샘도 함께 만들라고 지시했다. 우물을 파라는 얘기였다. 왜 그랬을까? 봉황이니 샘이니 하는 것들은 어차피 구실이었다. 왕건은 경주라는 배를 역사 속으로 영영 침몰시키고 싶었다. 그래서 배 밑바닥에 구멍(우물)을 내고자 한 것이다.

도처에 용과 거북

풍수의 형국 중 대세는 그래도 역시 동물이다.

비교적 최근에 세워진 건물 중에 풍수 때문에 화제가 됐던 건물로 천안의 독립기념관이 있다. 독립기념관 터는 건립 당시부터 풍수적 명당으로 소문이 자자했다. 워낙 치열했던 유치 경쟁과 그로 인한 잡음을 잠재우기 위해 풍수를 사용한 측면도 있다. 하여튼 독립기념관이 들어선 목천면 흑성산 (黑城山) 기슭을 두고 사람들은 오룡쟁주(五龍爭珠)의 형국을 이야기한다.

오룡쟁주, 그러니까 용 다섯 마리가 여의주를 놓고 다툰다는 뜻이다. 용은 풍수의 본질이라 할 수 있는 기맥을 뜻하니, 강력한 기운들이 이 지역을 휩싸고 있음을 알 수 있다. 그런 용이 한 마리도 아니고 다섯 마리나 되니 사악한 기운이 침투할 여지가 없는 명당임을 뜻한다.

곳에 따라서는 용이 하늘을 향해 날고 있거나(비룡승천·飛龍昇天), 하늘로 날아가면서 여의주까지 갖고 노는(비룡농주·飛龍弄珠) 형국도 있다. 풍수 담론에서 용이 어느 정도의 위치를 차지하고 있는지 알려주는 대목이다.

거북이도 영물이니만큼 전국 각처의 명당에서 그 모습이 출몰하는데, 예컨대 경남 김해의 구지봉(龜旨峰) 같은 경우가 많이 알려진 경우다. 산 이름에도 거북(龜)이 이미 들어가 있지만, 풍수적으로도 영귀하산(靈龜下山) 형국의 명당으로 분류된다. 신령스러운 거북 한 마리가 산에서 내려오고 있는 모습이란 것이다.

그런데 이렇게 신령스러운 거북 명당은 시대를 잘못 만날 경우 테러의 대상이 될 수도 있다. 일제 강점기에 일본 사람들은 이 영귀하산형 명당을 보고 깜짝 놀랐다고 한다. 조선 민족이 재기할 것을 알리는 신호로 해석했다는 것이다. 훗날 거북 머리에 해당하는 곳에 도로가 가로질러 놓이게 된 것은 그 때문이란 얘기가 있다. 조선의 재기를 막기 위한 조치였다는 것이다. 차라리 진흙에 머리를 담구는 거북의 모습(금귀몰니·金龜沒泥)이었다면 손대지 못했을지도 모르리라!

고래·소·닭 그리고 호랑이

동물 형국과 관련해 도시 앞쪽으로 시원한 바다를 펼치고 있는 부산이 풍수적 맥락에서 화제에 오른 적도 있다. 바다를 면한 지역은 사실 풍수 얘기에 많이 등장하지 않는다. 그도 그럴 것이 사신사(四神砂) 중에 전주작(前朱雀)이 아예 없는 형국이기 때문이다. 그런데 부산 지역의 한 대학 교수가 부산 전체의 지세를 고래 형상에 비유하면서 파란을 일으켰다. 부산은 '백경귀포(白鯨歸浦)', 그러니까 흰 고래가 포구로 돌아오는 모양새라는 멋진 해설이었다.

아예 없는 것은 아니지만 전통 풍수에서 고래가 등장하는 일은 드물다. 그런데 바다 쪽에서 부산을 보니 우암 방면이 좌청룡, 송도 방면이 우백호, 부산항 입구의 영도가 안산에 해당한다는 것이다. 그리고 전체적으로 그 모습을 고래 한 마리가 멀리서 집으로 돌아오는 형국으로 볼 수 있더라는 얘기였다.

그래도 흔하기로는 아무래도 사람들의 일상과 친근한 소와 닭을 등장시킨 형국이 많다. 금빛 닭이 알을 품고 있는 형국인 금계포란(金鷄抱卵)은 전국적으로 편재해 있다. 유사하

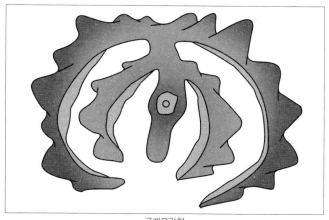

금계포란형

게 청학포란(靑鶴抱卵)의 형국도 많다. 푸른 학이 알을 품고 있는 형국이다.

소의 경우, 와우적초(臥牛積草) 형국이 전국에 여럿이다. 누워 있는 소 옆에 풀이 가득한 형국이다. 얼마나 풍족하고 한가로운 풍경인가! 소뿐만 아니다. 목마른 말이 물을 마시기도 하고(갈마음수·渴馬飮水), 용맹한 호랑이가 숲에서 뛰어나오기도(맹호출림·猛虎出林) 하는 게 우리 산천의 모습이다.

여기에 연꽃이 물 위에 떠 있는 연화부수(蓮花浮水), 매화가 땅으로 아름답게 떨어지는 매화낙지(梅花落地), 선녀가 가야금을 타는 옥녀탄금(玉女彈琴), 고승이 불공을 드리는 노승예불(老僧禮佛)까지 가세하면 우리 산천은 그야말로 온갖 상징들의 즐거운 요람이 된다.

산세도 중요한 형국

'인걸지령(人傑地靈)'이라 했다. 위인이 날지 안 날지, 또 어떤 종류의 위인이 날 것인지는 모두 땅에 담긴 영(靈)에 의해 판가름 난다는 것이다. 옛사람들이 자신이 사는 지역에 갖가지 동물과 사물로 의미를 부여한 것도 뛰어난 인물을 내고자 하는 바람 때문이었다.

그런데 형국론에서 보는 것처럼 주산(主山)과 사신(四神)

그리고 혈(穴) 자리를 포함하고 있는 전체 지형에만 의미를 부여한 것은 아니다. 풍수 종사자들은 일반적으로 특정 지역의 산세(山勢)를 보고 그 지역에 사는 사람들의 발복과 성쇠를 판단하는데, 이때 중요한 것은 아무래도 주산이다.

그럼 어떤 산이 주산인가? 혈 자리에 가깝다고 무조건 주산은 아니다. 산의 기운이 마을로 어떻게 들어오는지부터 판단해야 한다. 대개 마을 뒤편에 서서 호위하는 자세로 그 마을을 지키고 생기를 불어 넣어주는 산이 주산이다. 이것은 어느 정도 경험과 직관에 의존하는 것이니, 도식적인 설명 몇 줄로 정리할 차원은 아니다.

다만 마을이 산의 안쪽에 있느냐, 바깥쪽에 있느냐 하는 것은 우선적으로 판단해야 한다. 한 지역이 산의 바깥쪽에 위치할 경우, 기가 흩어질 가능성이 크기 때문이다. 적어도 산이 감싸고 있는 곳에는 자리를 잡아야 명당 운운할 가능성이 생긴다. 좋은 기운은 산 안쪽으로 모이기 마련이니까.

주산 파악이 끝났으면 이제 주산의 모양새를 파악해야 하는데, 풍수사들은 산세 파악에 오행을 도입했다. 동양학의 기본 중 기본인 목·화·토·금·수 바로 그 오행이다. 이 오행에 맞춤해 산을 목형, 화형, 토형, 금형, 수형으로 분류했다. 온갖 동물과 식물, 물건, 인물들이 등장하며 엮어내는 형국에 비해 다소 추상적이고 단순해 보이기는 하지만, 그 추상성과 단순성으로 인해 오행은 경관을 텍스트로 읽어내는 강력한 도구 역할을 해왔다.

목형은 학자, 화형은 예술인

먼저 목형은 안정적인 삼각형의 모양을 취한 산세다. 오행의 맥락에서 목의 기운은 꾸준하게 자라는 나무처럼 묵직한 힘을 가진 기운이다. 유교에서 '오상(五常)'이라 칭하는 인의예지신(仁義禮智信) 중에서는 '어짊'을 뜻하는 인(仁)에 해당한다. 그래서 이런 산세를 곁에 두고 있는 마을에서는 뛰어난 학자 또는 선비가 난다는 게 풍수적 속설이다.

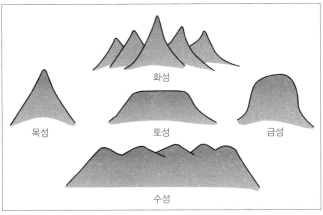

오행에 따른 산의 구분

목형의 산 중 꼭대기가 뾰족한 경우가 있는데, 언뜻 보아
붓끝의 형태를 취하고 있는 경우다. 이런 산세를 문필봉(文
筆峰)이라 칭하는데, 문필봉을 지근거리에 두고 있음을 자랑
하는 지역이 전국에 산재해 있다. 교수나 학자를 집중적으로
배출하는 지역이 있기 마련인데, 그 지역 사람들은 그 원인
을 십중팔구 문필봉의 존재에서 찾는다.

화형의 산은 정상 부근이 타오르는 불꽃같은 모양인 경우
다. 오행의 기운 중 화의 기운은 은근하게 성장한 목 기운이
한 번에 확 퍼질 때의 그런 기운이다. 사람을 판단할 때 화의
기운이 강한 사람들은 대개 직관과 통찰에 뛰어나다고 얘기
한다.

화형의 산을 곁에 두고 있는 마을에서는 그래서 예술가들
이 많이 태어난다고 한다. 지역적으로 볼 때, 전남 목포에 이
런 화형의 산들이 많다고 풍수사들은 얘기한다. 목포에 옛날
부터 예인(藝人)이 많았고, 근현대 들어서도 가수나 화가가
많이 배출된 것은 풍수적인 이유가 있다는 것이다.

금형은 기업인, 수형은 철학자

반대로 경상도 지역의 산들은 토형으로 분류되는 경우가
많다. 토형의 산은 꼭대기 부근이 뾰족하지 않고, 일자형으

로 평평하게 펼쳐져 있다. 오행으로 볼 때 토는 신(信)에 배정된다. 또 목·화의 양기와 금·수의 음기를 중개하는 오행이기 때문에 융합과 포용의 미덕을 뜻하기도 한다.

이런 산을 곁에 두고 사는 지역에서는 큰 정치인이나 종교인이 나온다는 게 풍수적 속설이다. 꼭 오행의 맥락이 아니더라도 후덕한 모양의 산을 바라보고 사는 이들이 훗날, 많은 군중을 아우를 수 있는 '통 큰' 사람이 되는 게 사실 특이한 일은 아니다.

산 전체가 둥글게 생겨 종(鐘)이나 바가지를 엎어놓은 것처럼 생긴 경우가 있는데, 이런 산이 금형의 산이다. 금형의 산은 보기에 따라 가을 추수가 끝난 뒤에 쌓아놓는 건초더미의 모습으로 보인다. 금형의 산은 그래서 자연스럽게 곡식과 연결되고, 나아가 재물 운으로 확장되어 해석되기도 한다. 이런 산 근처의 마을에서는 큰 장사꾼이나 기업가가 나온다고 한다.

마지막으로 수형의 산세는 산 정상이 물 흐르듯 유장하고 길게 이어지는 모양새를 칭한다. 수는 오행에서 침착함과 지혜를 뜻한다. 수형의 산을 근처에 둔 길지에서는 옛날식으로 얘기하면 도인(道人), 요즘 식으로 말하면 철학자 부류의 인물이 나올 가능성이 높다는 게 풍수 종사자들의 얘기다.

생활풍수

세월 앞에 장사 없고 풍수도 그러하다. 정치 풍수로부터 형국론까지, 풍수는 그야말로 다양한 시도를 해왔지만 시대의 변화를 거스를 재주는 없다. 과거 풍수의 여러 가지 기법과 술수를 둘러싸고 벌어진 격렬한 논쟁들은 현대에 진입하면서 그 자체가 무의미한 것이 되어버렸다. 풍수의 존립 자체가 위기인, 그런 시대가 온 것이다. 기존의 풍수 체계는 모두 전근대적인 잡설이나 미신으로 전락할 위험에 처했다.

인테리어와의 결합

풍수는 새로운 파트너를 필요로 했다. 초창기 풍수의 파트너는 정치였고, 이후 음택 풍수로 주류가 바뀌면서 풍수의 파트너는 정신적으로는 효와 기복(祈福) 신앙, 물리적으로는 눈만 돌리면 있는 이 산 저 산의 무덤들이었다. 19세기 말, 조선이 다시 격동의 시기로 접어들었을 때 풍수는 동학 등 변혁 세력과 손을 잡으면서 정치 풍수로서의 부활을 꾀했지만 그것도 잠시였다. 전통 풍수로는 급변하는 시대를 따라잡을 재간이 없었다. 새로운 파트너를 찾아야 했다.

갈팡질팡하던 풍수에게 새롭게, 그것도 한참 만에 제휴를 청하고 나선 파트너가 바로 지극히 서구적인 인테리어 산업이다. 한참의 좌절과 공백을 딛고 풍수는 생활풍수 또는 풍수 인테리어로 재탄생할 채비를 갖추었다.

서구적 주거 스타일은 급속한 근대화의 속도만큼이나 급박하게 도입됐다. 그런데 그렇게 속도 일변도로 일이 진행될 때 결과를 예측하는 것은 어렵지 않다. 엇비슷한 종류의 틀 안에서 기능만 과도하게 부각된 집과 주거 공간이 탄생하는 것이다. 그 공간에는 편리는 있을지언정 진정한 의미의 안락은 자리하기 어렵다. 또 급박한 도시화의 성격상 좁은 지역에 밀집하기 마련인 집들은 녹지로 상징되는 친환경의 특성마저

내팽개치게 된다.

풍수의 매력이 부각된 것은 바로 그런 상황 속에서다. 서구적 주거 스타일의 아쉬움과 문제점이 한꺼번에 드러날 무렵, 자연과의 조화를 중시하고 그래서 친환경적인 풍수의 매력이 인테리어 분야에서 논의되기 시작한 것이다. 여기에 동양적인 것의 복권(復權)이 어느 정도 트렌드가 되면서 지극히 동양적인 풍수와 지극히 서양적인 인테리어가 결합하는 기현상이 발생하게 되었다.

본질은 비보 풍수

그런데 이 결합의 저변에 깔린 생각은 전통 풍수에서 상당한 비중을 차지했던 '비보(裨補)'의 개념과 닮은 점이 많다. 비보란 무엇인가? 지기의 흐름상 결함이 있는 곳을 자연물이나 인공물로 보완해 풍수적인 완성도를 높이는 것이다. 풍수 인테리어도 비슷하게 비보의 성격을 갖는다. 기능과 편리에 치여 자연적 안락함을 잃어버린 집의 실내 구조를 풍수의 개념으로 보완하자는 것이다. 말하자면 기능에 치중한 인테리어가 망가뜨리고 끊어놓은 기의 흐름을 되살리자는 것이다.

이 같은 차원에서 시도되는 풍수와 인테리어의 결합은 실제로 어떤 모습일까? 그런 궁금증을 염두에 두고 풍수 인테리어 또는 생활풍수의 속내를 살펴볼 생각이다. 그런데 김을 빼는 얘기가 될 수도 있지만, 풍수 인테리어나 생활풍수를 표방하는 이론들은 안타깝게도 확실한 체계를 갖추고 있는 정도는 아니다. 소소한 일상에 직접적인 팁을 제공한다는 측면에서 친절하긴 하지만, 아직 잡다한 지침과 속설의 집합 수준에 가깝다.

그래서 여러 가지 팁을 체계 없이 나열하는 대신 생활풍수에 능한 한 주부의 일상을 통해 생활풍수의 지침들을 묶어보려 한다. 실제 이런 주부가 있을까 못미더워 할 분도 있겠지만, 사실은 이런 주부들이 많다.

생활풍수에 빠진 30대 주부

37세 한서연(가명이지만 완전히 가공의 인물일 리는 없다!) 씨는 아이 둘을 키우는 주부다. 서연 씨의 아이들 이야기부터 하는 편이 좋겠다. 둘 다 딸인데, 아이들이 아토피 피부염으로 상당 기간 고생을 했다. 아토피를 고치려면 공기 좋은 시골로 내려가거나, 캐나다·호주 같은 곳으로 이민 가는 게 상책이다. 서연 씨 부부도 그걸 모르는 바 아니지만, 직장 때문에 서울을 뜰 수 없었다. 서울에서 가까운 수도권의 녹지를 생각해보기도 했지만, 머나먼 출퇴근길을 생각하자 엄두가 안

났다.

그래도 그냥 물러설 수야 있는가. 서연 씨는 가능한 선에서 의식주의 혁신을 시도했다. 아이들이 먹는 음식의 재료를 대부분 유기농으로 바꾸었고, 라면을 포함한 인스턴트식품은 매정하다 할 정도로 통제했다. 옷도 가급적 화학섬유를 피해 입혔다.

그러면서 골똘히 생각했다. 주(住)의 측면에서는 어떤 변화가 가능할까? 서연 씨는 아이들의 호흡기나 피부를 자극할 위험이 있는 먼지, 그리고 오염 물질을 발생시킬 수 있는 재료들을 없애거나 수납했다. 그리고 가구도 압축된 톱밥을 재료로 쓴 집성목 가구는 다 없앴다. 돈이 들더라도 편백나무, 소나무 같은 천연 재료로 만들어진 가구만을 구비했다.

그러다 서연 씨는 자연스럽게 인테리어에도 관심을 갖고 책도 여러 권 사게 됐는데, 그중에 '풍수 인테리어'라는 제목이 붙은 책도 몇 권 섞여 들어왔다. 아이들을 생각하며, 다른 집보다 깨끗이 정리정돈하며 살자는 정도의 생각으로 시작한 취미였다. 그러나 풍수 인테리어 책에 담긴 지침들을 실천에 옮기면서, 서연 씨는 집안에 생기가 돌고 가족들의 건강도 좋아진다는 생각이 들었다. 게다가 간헐적으로 풍수 인테리어가 서구 중산층의 라이프스타일에 큰 영향을 주고 있다는 뉴스를 보는 것은 기분 좋은 일이기도 했다. 물론 그렇다고 풍수가 집안의 우환을 해결해주는 만병통치약이라고 생각하지는 않는다.

현관·부엌의 풍수 팁

서연 씨가 따르는 풍수 인테리어의 지침이 대단히 기묘하거나 특별한 것은 아니다. 서연 씨는 풍수의 중요성을 스스로 인정한 이후, 현관에 신발을 늘어놓는 법이 없다. 풍수에서 중시하는 기가 들어오는 가장 중요한 통로가 현관이기 때문이다. 어지러운 현관은 기의 최초 유통을 좌절시킨다. 현관에 있던 화분도 모두 거실 베란다로 이동시켰다. 비가 오는 날 현관에 우산을 늘어놓을 경우, 아이들과 신랑은 서연 씨로부터 핀잔과 함께 우산을 즉각 치우라는 지시를 받는다.

서연 씨는 지금 사는 집으로 이사 올 때 천장을 눈여겨봤다. 거실 천장이 낮을 경우, 기의 원활한 흐름이 방해될까 걱정했기 때문이다. 새 집에 들어올 때쯤 베란다 확장 공사가 유행이었지만, 서연 씨는 베란다를 손대지 않았다. 거실 베란다가 있어야 외부에서 실내로 급박하게 들어오는 기를 한번은 걸러주기 때문이다. 베란다는 말하자면 완충 장치 역할을 해주는 것이다. 또 돌로 된 장식품은 일체 집안으로 들여 놓지 않았고, 앞으로도 그럴 계획이다. 돌이 과도한 음기(陰氣)

를 발생시킨다는 게 풍수의 속설이기 때문이다.

주방의 경우, 냉장고와 전자레인지 사이를 가급적 멀리 떼어 놓았다. 열효율 때문만은 아니다. 좁은 공간에서 냉기와 화기가 충돌할 때 발생할 수 있는 나쁜 기운을 피하기 위해서다. 앞서 집을 알아볼 때도 주방과 거실이 일직선으로 뚫려 있는 집은 피했다. 주방과 거실이 꺾어짐 없이 붙어 있을 경우, 주방의 음기가 집 전체의 기운을 장악할 우려가 있기 때문이다.

마지막으로 가장 중요한 침실. 서연 씨는 침대 머리 부분을 벽에 붙이지 않고 30센티미터 정도 떼어 놓았다. 침대를 벽에 붙여놓을 경우, 외부의 기운이 완충 없이 머리에 직접 영향을 주기 때문이다. 또 어떤 장식품도 침실로 들여 놓지 않는다. 침실은 낮 동안 소비했던 기를 숙면의 시간을 통해 재충전하는 공간이고, 서연 씨도 그 중요성을 몸소 체험했기 때문이다. 그런 침실에 장식품을 들여 놓는 것은 종류를 불문하고 재충전에 쓰일 기의 흐름을 왜곡하는 것으로 생각하기 때문이다.

침실은 재충전의 공간

풍수 인테리어의 경우, 주로 아파트라는 공간을 대상으로 삼고 있지만, 기본 프레임의 측면에서 전통 풍수와 크게 다를 게 없다. 전통 풍수든 현대의 풍수든 '기의 흐름에 따른 공간 구분'이란 틀에서 벗어날 수 없다는 것이다.

풍수는 본질적으로 기의 흐름을 추적하고 판단하는 작업이다. 그 무대가 야외에서 실내로 바뀌어도 본질은 그대로다. 기는 '유입→집결→소통→재충전→유출'의 경로를 거치게 마련이고, 풍수는 그 흐름을 추적한다.

전통 풍수에서라면 산맥을 통해 유입된 기가 사신사(四神砂) 안에서 물의 흐름을 따라 집결되고, 이어 그 지역의 주변 곳곳까지 소통되는 과정을 살피게 될 것이다. 그 과정에서 기는 소모되기도 하고 유출되기도 하며, 지세에 급격한 변동이 생기지 않는 한 지속적인 재충전의 기회를 갖는다.

장소가 아파트로 바뀌어도 그 과정은 원칙적으로 달라지지 않는다. 아파트 바깥에 머물던 기는 현관을 통해 유입되고, 거실에 머물며 집결된다. 거실은 기가 집결하는 공간이면서 동시에 소통을 시작하는 공간이기도 하다. 거실에서 욕실과 주방으로, 각 방으로 기가 유통된다. 나아가 기를 재충전하는 공간으로서의 침실과 기를 유출하고 일부 받아들이기도 하는 장소로서의 베란다가 중시된다.

프레임과 한계

　이렇게 전체적인 틀의 측면에서 풍수 인테리어는 전통 풍수의 연장선상에 있다. 그런데 아쉬운 것은 그냥 그렇게 연장선상에 머물러 있기만 하다는 점이다. 냉정하게 말하면, 전통 풍수의 프레임을 피상적으로 차용한 상태에서 지극히 일반적인 생활의 팁을 그 프레임에 배치시키고 있는 것은 아니냐는 느낌을 지울 수 없다.

　풍수를 표방하고 있으나, 그 지침들이 일반적인 생활상식과 크게 다르지 않다는 점에 대한 문제 제기다. 또 같은 얘기일 수 있지만, 그 지침들이 풍수의 특유한 어떤 원리들에서 도출된다고 자신 있게 말하기도 어렵다. 풍수 인테리어 또는 생활풍수의 명백한 한계라 하겠다. 풍수인테리어 또는 생활풍수의 각종 지침들에 대해 '풍수'라는 이름을 갖다 붙이는 게 적절한가 하는 비판이 나오는 대목이다.

　현관은 깨끗이 정리해야 하고, 주방의 냉장고와 가스레인지는 떨어뜨려 놓아야 한다는 풍수 인테리어의 지침은 꼭 풍수의 원리를 필요로 하는 것일까? 침대는 벽에 딱 붙이지 않는 게 좋고, 베란다 확장 역시 함부로 해선 안 된다는 지침은 또 어떤가? 이런 지침 역시 풍수의 도움 없이도 이끌어낼 수 있는 생활상식 아닌가? 기능과 위생이란 기준에서도 쉽게 끌어낼 수 있는 원리들에 과연 풍수라는 거창한 이름이 필요하느냐는 것이다.

산림경제 – 생활풍수의 한 근거

그나마 17세기 조선 실학자인 홍만선(洪萬選)의 『산림경제(山林經濟)』에서 요즘 생활풍수의 한 단초를 찾을 만하다. 풍수 인테리어의 역사적 맥락을 짚어볼 수 있다는 얘기다. 주로 음택 위주의 관행을 겨냥한 것이긴 했지만, 실학자들이 열이면 아홉, 풍수에 대해 거센 비판을 날리고 있는 상황이었음을 감안하면 홍만선과 『산림경제』의 존재는 조금 특이하기도 하다.

어쨌거나 홍만선은 『산림경제』를 통해 현대의 인테리어 풍수 테크닉을 연상시키는 다양한 지침을 내놓고 있는데, 그 지침들은 음택 풍수로 축소·왜곡되기 전 전통 풍수의 원리에서 그리 멀지 않아 보인다. 홍만선의 단상들이 과거의 풍수 그리고 뿌리를 알 수 없는 최근의 생활풍수를 연결시켜줄 중간 고리 역할을 할 수도 있지 않겠느냐는 생각이 드는 대목이다.

예컨대 홍만선은 지붕의 높낮이에 대해 음양론을 도입해 얘기한다. 높으면 양기가 성하고, 낮으면 음기가 성하다는 것이다. 어느 쪽이 좋다, 나쁘다는 얘기는 아니다. 양기 때문에 너무 밝으면 혼백(魂魄) 중 백(魄)이 손상되고, 음기 때문에 눈이 어두우면 혼(魂)이 손상되니 적당해야 한다는 투다. 그러나 그 신빙성을 떠나 생활풍수의 영역인 천정의 높낮이와 풍수의 혼백론을 연결시킨 점은 주목할 만하다.

또 홍만선은 "앉을 때는 남쪽을 향하고, 잘 때는 머리를 동쪽으로 두는 게 편하다"거나 "대청 뒤에 부엌을 내서는 안 된다"는 식으로, 현대 생활풍수에 해당하는 지침들을 다양하게 내놓고 있다. "칼이나 도끼를 부엌 위에 두어서는 안 된다"는 얘기도 나오는데, 이런 지침은 요즘 웬만한 생활풍수 책에도 어김없이 등장하는 내용이다.

침실에 대한 조언도 눈에 띈다. 홍만선은 "사람이 자는 방은 마땅히 깨끗해야 한다"고 강조한다. "깨끗하면 영기(靈氣)를 받지만 깨끗하지 못하면 혼탁한 기운을 받는다"는 경고다. 현대의 생활풍수를 오롯이 떠올리게 하는 말이다. 요즘 생활풍수 전문가들 중에는 "풍수는 침상학(寢牀學)!"이라 강조하며 침실과 잠의 중요성을 영업의 주요 소재로 활용하고 있는 이들도 있을 정도니까…….

물은 돈이다

마지막으로 풍수 인테리어와 함께 생활풍수의 또 다른 지류로 각광받고 있는 창업 풍수, 부동산 관련 풍수에 대해 짚고 넘어갈까 한다. 다소 노골적으로 개인의 발복, 나아가 성공적 재테크를 보장한다는 측면에서 이런 풍수는 술수(術數)의 측면이 강하다. 전면에 내세우는 수사야 현란하지만, 요약하면 '돈 벌어다 주는 풍수'라는 것인데, 이런 '재테크 풍수'도 풍수 인테리어와 똑같은 정체성의 혼란을 가졌다 할 수 있다.

그럼에도 불구하고 현실적인 위세를 떨치고 있는 만큼, 재테크 풍수의 몇 가지 팁을 알아볼만 하겠다. 재테크 풍수는 풍수의 다양한 논리를 어떤 식으로든 돈으로 연결시키고 있어 그 자체가 사실은 하나의 사회현상이라 할 수 있다.

재테크 풍수들은 일제히 '물'을 강조한다. 물이 재물을 관장한다는 것이 풍수의 오랜 속설이긴 하다. 예컨대 우리나라 굴지의 재벌들이 거주했거나 거주하고 있는 서울 한남동에 대한 풍수적 해설을 보라. 한남동이 재물 측면에서 길지인 것은 그 지역을 둘러싼 채 유장하게 흐르고 있는 거대한 물줄기, 한강 덕이다. 그런데 돈을 벌려는 모든 이들이 모두 강이나 냇가 근처에 살거나 가게를 낼 수는 없는 일이다. "물은 돈이다"라는 재테크 풍수의 공식이 자승자박의 논리로 작용할 수 있다는 얘기다. 그러나 탈출구가 존재하지 않을 리 없다.

풍수는 언제부터인가 길이나 도로를 물의 대용품으로 간주하고 있다. 그러니 물이 없다면 길이나 도로를 찾으면 된다. 길이나 도로가 감싸면서 품어주는 곳, 즉 길이나 도로의 안쪽이 돈 벌어주는 명당이라는 게 요즘 재테크 풍수의 중요한 지침이다.

공간 해석의 지혜

풍수에 대한 지금까지의 논의는 과연 풍수에 이로운 것일까? 차라리 풍수의 전근대성과 비합리성만을 부각시킨 것은 아닐까? 풍수의 전통에 충실한 풍수 해설이 풍수를 궁지로 몰아넣는 것은 아닌가 하는 걱정이다. 풍수의 역사에 대한 서술은 풍수의 전략에 대한 스케치가 될 소지를 분명 갖고 있다.

믿음 또는 회피

앞선 시대의 풍수 이론가들도 그런 걱정을 했던 것일까?

상당수의 풍수 경전들이 결론에 해당하는 부분에 풍수의 원리 대신 도덕률을 배치했다. 동아시아 전통에서 상황이 애매할 때 곧잘 해결사로 등장하는 주역(周易)을 인용하며 해설을 마무리한 것이다. '땅' 얘기를 한참 하다가 정작 나중에는 '인간' 얘기로 마무리 했다고나 할까.

주역은 64괘 중 건(乾)괘와 곤(坤)괘에만 별도의 해설을 추가하고 있다. 그중 곤괘의 추가 해설에 등장하는 문구가 '적선지가 필유여경(積善之家 必有餘慶)' '적불선지가 필유여앙(積不善之家 必有餘殃)'인데, 수많은 풍수서의 결론이 바로 이 문장이었다. 선을 쌓는 집에는 경사가 있고, 악을 쌓는 집에는 재앙이 있다는 도덕 원칙이 복잡한 풍수 이론의 단순한 결론이었다.

풍수가 말하는 대로라면 한 사람의 경사와 재앙은 좋은 지기의 획득 여부에 따르는 것이지, 그 사람의 선악을 따르는 것은 아니다. 그런데도 대부분의 풍수서들이 지기에서 선악으로의 비약을 감행하고 말았다. 물론 풍수서들의 입장을 그 맥락의 차원에서는 존중해 줄 수 있다. 선을 쌓는 사람만이 좋은 지기를 얻기 때문에 적선과 지기의 획득은 다른 얘기가 아니라고 해석할 수 있다는 것이다.

이러한 스타일의 결론은 풍수의 모든 원리들을 믿음의 차원으로 끌어올린다. 따라서 번잡한 이론에 얽매일 필요가 없어진다. 용맥(龍脈)을 짚을 필요도, 사신사를 찾을 필요도, 물의 흐름을 파악할 필요도, 그래서 보이지 않는 혈의 자리를 어렵사리 정할 필요도 없다. 그저 악을 피하고 선을 행하면 된다는 것이니 말이다.

펠림세스트의 충고

그러나 '땅'에 관한 해설을 '인간'으로 마무리하는 것은 어떤 근거를 대더라도 일종의 회피에 해당하지 않겠는가. 수많은 풍수 경전들의 결론은 그래서 믿음인 동시에 회피이기도 하다. 그러나 풍수의 생존을 위해 필요한 것은 믿음도 회피도 아닌 것 같다. 근대 이후 풍수의 생존 전략을 어디에서 찾아야 할까?

'펠림세스트(palimpsest)'라는 용어가 있다. 옛날 종이 대용으로 쓰던 양피지에 희미하게 남아 있는 글씨를 이르는 용어다. 유럽에서 양피지는 누구나 쓸 수 있는 재료가 아니었다. 일부 지식인층이나 쓰는 재료였고, 그마저도 풍족하게 사용할 수 없었다. 새롭게 기록할 사안이 생기면 원래 썼던 글을 지우고, 그 위에 글씨를 덧씌워야 했다. 옛 글은 흔적으로 남기 마련인데, 그때 그 흔적이 바로 펠림세스트다.

그러나 펠림세스트란 용어는 오래 전에 당초의 맥락을 이

탈했다. 양피지가 역사 속으로 사라지면서 양피지 속 펠림세스트도 사라진 것이다. 펠림세스트란 용어가 적극적으로 활용되는 곳은 이제, 건축 그리고 공간 해석의 분야다.

풍수의 맥락에서 천년 고도인 서울을 떠올려 보자. 서울이 담고 있는 경관은 모두 21세기의 것인가? 그렇지 않다. 서울 속에는 강남 도산대로의 대형 빌딩도 있지만, 종로의 구도심도 있고, 북촌의 한옥마을도 있다. 1960~1970년대 급박한 도시화의 흔적인 달동네도 있으며, 그보다 수십 년 전에 만들어진 일본의 적산가옥들도 있다. 복원된 것들이 대다수라 할지라도 수백 년 전의 사찰들도 여전하다.

풍수의 혈처를 찾아

지워질 듯 지워지지 않은 채 흔적으로 남은 건축물들, 바로 펠림세스트가 21세기 서울의 상당 부분을 규정하고 있는 것이다. 그런데 그렇게 펠림세스트의 맥락에서 서울을 보고자 할 때, 풍수의 역사·원리·지침을 빼놓고는 도대체 아무것도 할 수 없다는 사실이 단박에 드러난다. 천년 도시 서울의 건설은 대부분의 기간 동안 풍수적 맥락에서 이뤄져 왔기 때문이다. 풍수를 도외시한 채 서울의 온전한 실체를 파악하는 것은 전적으로 불가능한 일이다.

정도는 다를지언정 다른 지역들도 마찬가지다. 풍수는 오랫동안 우리나라를 포함한 동아시아에서 사람들이 사는 공간을 구성해내는 현실적 원동력이었다. 풍수적 사고 없이 도처에 잠복한 펠림세스트를 파악할 수 없고, 펠림세스트에 대한 파악 없이 현실 공간을 읽어낼 수 없다. 풍수가 사라지는 순간, 우리를 둘러싼 이 풍성한 상징의 장소는 삭막한 추상 공간으로 전락할 위험에 처한다.

이 작은 풍수 해설서의 결론은 바로 그 지점에 있다. 풍수의 부재가 재앙으로 느껴지는 바로 그곳이 풍수의 혈처이며, 풍수를 새롭게 이끌고 갈 생기도 바로 그곳에 존재한다는 것이다. 인간의 복을 위해 땅에 집착하는 술수적 풍수에서 벗어나 공간을 해석하는 지혜의 도구로, 풍수가 거듭나야 한다는 것이다.

참고문헌 ┌──

김광언,『바람 · 물 · 땅의 이치』, 기파랑, 2009.

노자키 미츠히코,『한국의 풍수사들』, 동도원, 2000.

박시익,『한국의 풍수지리와 건축』, 일빛, 1999.

빌 브라이슨, 이덕환 옮김,『거의 모든 것의 역사』, 까치, 2003.

윤홍기,『땅의 마음』, 사이언스북스, 2011.

이중환, 허경진 옮김,『택리지』, 서해문집, 2007.

최창조 역주,『청오경 금낭경』, 민음사, 2012.

최창조,『최창조의 새로운 풍수 이론』, 민음사, 2009.

홍만종, 전규태 옮김,『순오지』, 범우사, 1994.

공간 해석의 지혜, 풍수

펴낸날	초판 1쇄 2014년 1월 27일
	초판 2쇄 2018년 3월 30일

지은이	이지형
펴낸이	심만수
펴낸곳	(주)살림출판사
출판등록	1989년 11월 1일 제9-210호

주소	경기도 파주시 광인사길 30
전화	031-955-1350 팩스 031-624-1356
홈페이지	http://www.sallimbooks.com
이메일	book@sallimbooks.com

ISBN	978-89-522-2813-0 04080
	978-89-522-0096-9 04080(세트)

※ 값은 뒤표지에 있습니다.
※ 잘못 만들어진 책은 구입하신 서점에서 바꾸어 드립니다.

이 도서의 국립중앙도서관 출판시도서목록(CIP)은 서지정보유통지원시스템 홈페이지
(http://seoji.nl.go.kr)와 국가자료공동목록시스템(http://www.nl.go.kr/kolisnet)에서
이용하실 수 있습니다.(CIP제어번호: CIP2014001353)

026 미셸 푸코 `eBook`

양운덕(고려대 철학연구소 연구교수)

더 이상 우리에게 낯설지 않지만, 그렇다고 손쉽게 다가가기엔 부담스러운 푸코라는 철학자를 '권력'이라는 열쇠를 가지고 우리에게 열어 보여 주는 책. 권력은 어떻게 작용하는가에서 논의를 시작하여 관계망 속에서의 권력과 창조적 · 생산적 · 긍정적인 힘으로서의 권력을 이야기해 준다.

027 포스트모더니즘에 대한 성찰 `eBook`

신승환(가톨릭대 철학과 교수)

포스트모더니즘의 역사와 논의를 차분히 성찰하고, 더 나아가 서구의 근대를 수용하고 변용시킨 우리의 탈근대가 어떠한 맥락에서 이해되는지를 밝힌 책. 저자는 오늘날 포스트모더니즘으로 대변되는 탈근대적 문화와 철학운동은 보편주의와 중심주의, 전체주의와 이성 중심주의에 대한 거부이며, 지금은 이 유행성의 뿌리를 성찰해 볼 때라고 주장한다.

202 프로이트와 종교 `eBook`

권수영(연세대 기독상담센터 소장)

프로이트는 20세기를 대표할 만한 사상가이지만, 여전히 적지 않은 논란과 의심의 눈초리를 받고 있다. 게다가 신에 대한 믿음을 빼앗아버렸다며 종교인들은 프로이트를 용서하지 않을 기세이다. 기독교 신학자인 저자는 이 책을 통해 종교인들에게 프로이트가 여전히 유효하며, 그를 통하여 신앙이 더 건강해질 수 있다는 점을 보여 주려 한다.

427 시대의 지성 노암 촘스키 `eBook`

임기대(배재대 연구교수)

저자는 노암 촘스키를 평가함에 있어 언어학자와 진보 지식인 중 어느 한 쪽의 면모만을 따로 떼어 이야기하는 것은 불합리하다고 말한다. 이 책에서는 촘스키의 가장 핵심적인 언어이론과 그의 정치비평 중 주목할 만한 대목들이 함께 논의된다. 저자는 촘스키 이론과 사상의 본질에 다가가기 위한 이러한 시도가 나아가 서구 사상을 받아들이는 우리의 자세와도 연결된다고 믿고 있다.

024 이 땅에서 우리말로 철학하기

이기상(한국외대 철학과 교수)

우리말을 가지고 우리의 사유를 펼치고 있는 이기상 교수의 새로운 사유 제안서. 일상과 학문, 실천과 이론이 분리되어 있는 '궁핍의 시대'에 사는 우리에게 생활세계를 서양학문의 식민지화로부터 해방시키고, 서양이론의 중독으로부터 벗어나야 한다고 역설한다. 저자는 인간 중심에서 생명 중심으로의 변화와 관계론적인 세계관을 담고 있는 '사이 존재'를 제안한다.

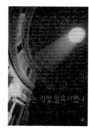

025 중세는 정말 암흑기였나 `eBook`

이경재(백석대 기독교철학과 교수)

중세에 대한 친절한 입문서. 신과 인간에 대한 중세인의 의식을 다루고 있는 이 책은 어떻게 중세가 암흑시대라는 일반적인 인식을 가지게 되었는지에 대한 물음을 추적한다. 중세는 비합리적인 세계인가, 중세인의 신앙과 이성은 어떠한 관계를 갖고 있는가 등에 대한 논의를 하고 있다.

065 중국적 사유의 원형 `eBook`

박정근(한국외대 철학과 교수)

중국 사상의 두 뿌리인 『주역』과 『중용』을 철학적 관점에서 접근한다. '산다는 것은 무엇인가?'라는 근원적 질문으로부터 자생한 큰 흐름이 유가와 도가인데, 이 두 사유의 흐름을 거슬러 올라가다 보면 그 둘이 하나로 합쳐지는 원류를 만나게 된다. 저자는 『주역』과 『중용』에 담겨 있는 지혜야말로 중국인의 사유세계를 지배하는 원류라고 말한다.

076 피에르 부르디외와 한국사회 `eBook`

홍성민(동아대 정치외교학과 교수)

부르디외의 삶과 저작들을 통해 그의 사상을 쉽게 소개해 주고 이를 통해 한국사회의 변화를 호소하는 책. 저자는 부르디외가 인간의 행동이 엄격한 합리성과 계산을 근거로 행해지기보다는 일정한 기억과 습관, 그리고 사회적 전통에 영향을 받는다는 사실로부터 시작한다는 점을 강조한다.

096 철학으로 보는 문화 `eBook`

신응철(숭실대 인문과학연구소 연구교수)

문화와 문화철학 연구에 관심 있는 사람을 위한 길라잡이로 구상된 책. 비교적 최근에 분과학문으로 등장하기 시작한 문화철학의 논의에 반드시 들어가야 할 요소를 선택하여 제시하고, 그 핵심 내용을 제공한다. 칸트, 카시러, 반 퍼슨, 에드워드 홀, 에드워드 사이드, 새무얼 헌팅턴, 수전 손택 등의 철학자들의 문화론이 소개된다.

097 장 폴 사르트르 `eBook`

변광배(프랑스인문학연구모임 '시지프' 대표)

'타자'는 현대 사상에 있어 가장 중요한 개념 중 하나이다. 근대가 '자아'에 주목했다면 현대, 즉 탈근대는 '자아'의 소멸 혹은 자아의 허구성을 발견함으로써 오히려 '타자'에 관심을 갖게 되었다. 그리고 타자이론의 중심에는 사르트르가 있다. 사르트르의 시선과 타자론을 중점적으로 소개한 책.

135 주역과 운명 `eBook`

심의용(숭실대 강사)

주역에 대한 해설을 통해 사람들의 우환과 근심, 삶과 운명에 대한 우리의 자세를 말해 주는 책. 저자는 난해한 철학적 분석이나 독해의 문제로 우리를 데리고 가는 것이 아니라 공자, 백이, 안연, 자로, 한신 등 중국의 여러 사상가들의 사례를 통해 우리네 삶을 반추하는 방식을 취한다.

450 희망이 된 인문학 `eBook`

김호연(한양대 기초·융합교육원 교수)

삶 속에서 배우는 앎이야말로 인간의 운명을 바꿀 수 있는 기회를 준다. 그래서 삶이 곧 앎이고, 앎이 곧 삶이 되는 공부를 하는 것이 무엇보다 중요하다. 저자는 인문학이야말로 앎과 삶이 결합된 공부를 도울 수 있고, 모든 이들이 이 공부를 할 수 있어야 한다고 믿는다. 특히 '관계와 소통'에 초점을 맞춘 인문학의 실용적 가치, '인문학교'를 통한 실제 실천사례가 눈길을 끈다.

eBook 표시가 되어있는 도서는 전자책으로 구매가 가능합니다.

(주)살림출판사
www.sallimbooks.com
주소 경기도 파주시 문발동 522-1 | 전화 031-955-1350 | 팩스 031-955-1355